Ulrich Bracht

Grundkenntnisse Christentum

Kopiervorlagen für die Sekundarstufe I
– zweifach differenziert

Verlag an der Ruhr

Impressum

Titel
Grundkenntnisse Christentum
Kopiervorlagen für die Sekundarstufe I – zweifach differenziert

Autor
Ulrich Bracht

Titelbildmotive
© chocolatto – photocase.de; © Luftbildfotograf und © Bill Perry – Fotolia.com

Hinweis: Alle wörtlich zitierten Bibeltexte stammen, sofern nicht anders gekennzeichnet, aus der Einheitsübersetzung der Heiligen Schrift © 1980 Katholische Bibelanstalt, Stuttgart.

Lektorat
Dr. Anja Steinhauer

Satz und Layout
www.qpunkt.eu

Verlag an der Ruhr
Mülheim an der Ruhr
www.verlagruhr.de

Geeignet für die Klassen 5–10

Unser Beitrag zum Umweltschutz:
Wir sind seit 2008 ein ÖKOPROFIT®-Betrieb und setzen uns damit aktiv für den Umweltschutz ein. Das ÖKOPROFIT®-Projekt unterstützt Betriebe dabei, die Umwelt durch nachhaltiges Wirtschaften zu entlasten. Unsere Produkte sind grundsätzlich auf chlorfrei gebleichtes und nach Umweltschutzstandards zertifiziertes Papier gedruckt.

ISBN 978-3-8346-2928-9

Printed in Germany

Inhaltsverzeichnis

Inhaltsverzeichnis

Vorwort

Liebe Kollegen[1],

wir leben in einer Zeit des **Nachlassens traditioneller religiöser Prägungen** und Bindungen und in einer Zeit, die gekennzeichnet ist durch einen fast unüberschaubaren **Pluralismus von Weltanschauungen** und religiösen Urteilen. So gibt es eine steigende Anzahl von Schülern, die kein christliches Grundwissen mehr in die Schule mitbringen – sei es, weil sie aus einem Elternhaus mit **nicht christlichem Hintergrund** stammen, sei es, weil inzwischen auch getaufte Schüler oft nicht die genaue Bedeutung ihrer Konfession oder selbst besonderer christlicher Feste, wie Ostern oder Pfingsten, kennen. Während das Christentum früher ganz selbstverständlich die Basis unseres Religionsunterrichts bildete und auch im Vergleich mit anderen Weltreligionen stets als Referenzbeispiel galt, **lassen sich bei den Jugendlichen mittlerweile längst keine christlichen Grundkenntnisse mehr voraussetzen.**

Dennoch plädiere ich dafür, dass sich alle Schüler – ob sie nun am Religionsunterricht oder an einem angebotenen Ersatzfach teilnehmen – eingehend und gründlich mit dem Christentum beschäftigen. Denn abgesehen davon, dass den Anforderungen der Lehrpläne gerecht werden muss, lernen sie so **die Wurzeln unserer Kultur, den jüdisch-christlich geprägten Hintergrund wichtiger gesellschaftlicher Werte** kennen. Der bedeutende Philosoph Jürgen Habermas, den man keineswegs dem christlich-konfessionellen Lager zurechnen kann, meint, dass wir die für unsere Kultur grundlegenden Begriffe wie **Moralität und Sittlichkeit, Person und Individualität, Freiheit und Emanzipation** nicht verstehen können, „ohne uns die Substanz des heilsgeschichtlichen Denkens jüdisch-christlicher Herkunft anzueignen".[2] Unsere Kultur und unsere Gesellschaft sind ohne Wissen um die **jüdisch-christliche Tradition** nicht zu verstehen. Hier wären beispielsweise zu nennen: das Leitbild der **Menschenwürde** und das Gebot der **Feindes**- und der **Nächstenliebe.** Viele Themen der Literatur, der Kunst und der Musik sind ohne Grundkenntnisse des Christentums nicht voll zu begreifen. Das Gleiche gilt für Gesetze und – manche mag es erstaunen – für Parteiprogramme.

Daher ist es **wichtig, dass die Thematisierung dieser unsere Kultur prägenden Religion** in allen Jahrgangsstufen der Sekundarstufe I **immer wieder in den Unterricht einfließt**, und zwar sowohl in den „normalen" **Religionsunterricht**, als auch in den **Ethik**- und den Praktischen **Philosophieunterricht**.

Um den Schülern also das nötige christliche Grundwissen zu vermitteln und sie so an die Grundsätze unserer Kultur und unserer Werte

---

[1] Aus Gründen der besseren Lesbarkeit haben wir in diesem Buch durchgehend die männliche Form verwendet. Natürlich sind damit auch immer Frauen und Mädchen gemeint, also Lehrerinnen, Schülerinnen etc.

[2] Habermas, Jürgen: Nachmetaphysisches Denken. Philosophische Aufsätze. Suhrkamp 1988. S. 23.

heranzuführen, möchte dieser Band ihnen **fundierte und zugleich anschaulich aufbereitete Hintergrundinformationen** an die Hand geben – von den **geschichtlichen Voraussetzungen** zur Entstehung des Christentums über die wichtigsten Fakten zu **Jesus Christus** und der **Bibel** bis hin zu **Vergleichen mit anderen Religionen.** Anhand **abwechslungsreicher Aufgabenstellungen** lernen die Jugendlichen so die Grundlagen der christlich fundierten Gesellschaftsordnung kennen und werden gleichzeitig **immer wieder zum Nachdenken und Diskutieren** auch über kritische Fragestellungen angeregt.

Die Materialien lassen sich in **allen Schulformen,** vor allem in den **Jahrgangsstufen 5 bis 10** einsetzen. Im Inhaltsverzeichnis und auch auf den einzelnen Arbeitsblättern können Sie mit einem Blick erkennen, für welche Jahrgangsstufe die jeweiligen Themen in erster Linie geeignet sind. Zudem ermöglicht Ihnen die **Differenzierung in zwei Niveaustufen** eine passgenaue Abstimmung je nach Alters- und Leistungsniveau Ihrer Schüler – und auch ein binnendifferenziertes Arbeiten am gleichen Thema ist so möglich, damit jeder je nach Vorwissen auf seinem individuellen Niveau das Christentum (neu) entdecken kann.

Ich wünsche Ihnen und Ihren Schülern viel Freude bei dieser Entdeckungsreise!

Ulrich Bracht

Didaktische Hinweise

Zu Aufbau und Einsatzmöglichkeiten der Materialien

Die vorliegenden Arbeitsblätter sind wie folgt aufgebaut: Zum einen zeigt Ihnen der Seitenkopf neben dem jeweiligen Thema rechts oben die **Jahrgangsstufen** an, für die dieses Thema vorwiegend geeignet ist, zum anderen sehen Sie dort – abgesehen von den nicht differenzierten Infokarten – anhand nebenstehender Icons, um welche **Niveaustufe** es sich handelt:

Niveau I = Grundwissen = geringes bis mittleres Leistungsniveau

Niveau II = erweitertes Wissen und Transfer = hohes Leistungsniveau

Es folgen Texte, Bilder oder andere Quellen, anhand derer die Schüler die darunterstehenden Aufgaben lösen können. **Beispiellösungen oder Lösungshinweise** finden Sie am Ende des Buches ab S. 120.

Durch die Zweifachdifferenzierung der Arbeitsblätter können Sie **je nach Alters- oder Leistungsniveau Ihrer Lerngruppe passend auswählen,** welches Material für Ihre Zwecke am geeignetsten ist. Das hängt auch davon ab, wie Sie das Material einsetzen möchten: Sie können es beispielsweise für eine **schnelle Wiederholung** nutzen, um alle Schüler auf denselben Stand zu bringen, oder aber Sie setzen die Arbeitsblätter zur **intensiven Auseinandersetzung** mit dem jeweiligen Thema ein. Eine andere Möglichkeit ist es, die Arbeitsblätter zur **Binnendifferenzierung** gezielt an einzelne Schüler oder Schülergruppen auszuteilen oder die **Schüler frei zwischen den Niveaustufen wählen** zu lassen, was allerdings eine gute Selbsteinschätzung voraussetzt. Darüber hinaus sind alle Arbeitsblätter auch für ein **Stationenlernen** oder eine **Lerntheke** (Lernbuffet) zu den Themen „Christentum" und/oder „Weltreligionen" geeignet, da sie bewusst so aufbereitet wurden, dass die Schüler sie selbstständig bearbeiten können.

Grundsätzlich sollte für **Recherchearbeiten** die Möglichkeit eines **Internetzugriffs** zur Verfügung stehen, damit die Schüler auch die darauf abzielenden Aufgaben selbstständig lösen können.

Zur Methodik

Um die Aufgaben für die Schüler abwechslungsreich zu gestalten, wurden auf den verschiedenen Arbeitsblättern **unterschiedliche Methoden** eingesetzt, darunter auch solche zum **kooperativen Lernen.** Zwei Beispiele möchte ich kurz erläutern:

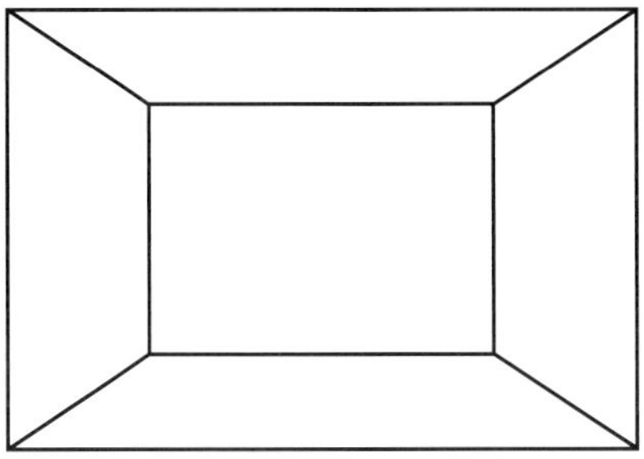

Placemat-Methode: Hier wird die Gruppenarbeit durch ein vorbereitetes, in Segmente aufgeteiltes Blatt unterstützt (ähnlich einem Platzdeckchen, daher der Name). Gearbeitet wird in einer 4er-Gruppe. Jeder Schüler schreibt zunächst seine Gedanken oder Lösungsvorschläge zur Aufgabenstellung in jeweils eines der äußeren Felder. Anschließend tauschen sich die Gruppenmitglieder über ihre Ergebnisse aus und einigen sich auf eine Lösung/die wichtigsten Aspekte, die sie dann als Gruppenergebnis im mittleren Feld notieren.

Schreibgespräch: Das Schreibgespräch ist ebenfalls eine Form der Gruppenarbeit, die jedoch schweigend stattfindet. Für jede Gruppe liegt ein Blatt auf dem Gruppentisch, auf dem die Schüler ihre Eindrücke und Überlegungen aufschreiben. Die Schüler schreiben abwechselnd und nehmen dabei aufeinander Bezug. So entsteht ein gemeinsamer Text in Form einer Stichwortsammlung oder auch einer gemeinsamen Geschichte mit Kommentaren und Anmerkungen. Eine mögliche Variante ist, dass jeder Schüler jeweils ein eigenes Blatt bekommt, das, nachdem die ersten Gedanken darauf notiert wurden, im Uhrzeigersinn in der Gruppe weitergereicht wird, sodass dann jeder Schüler zu den Notizen seines rechten Nachbarn Stellung nimmt. So entstehen beispielsweise in einer 4er-Gruppe vier Gedankenlinien, die hinterher in der Gruppe besprochen werden können.

Auch die Aufgabenblöcke folgen in der Regel dem **„Think – Pair – Share"-Prinzip,** bei dem nach einer individuellen Auseinandersetzung der Austausch/die gegenseitige Kontrolle in Partnerarbeit und erst dann die Präsentation und Diskussion in der (ganzen Lern-)Gruppe folgt.

Wenn Sie genauere Informationen zu diesen oder anderen kooperativen Methoden suchen, empfehle ich Ihnen folgende Titel:

Hoffman, Cordula: **Eine Klasse – ein Team! Methoden zum kooperativen Lernen.** Verlag an der Ruhr, 2009, ISBN 978-3-8346-0594-8 (nähere Informationen unter www.verlagruhr.de)

Brüning, Ludger/Saum, Tobias: **Erfolgreich unterrichten durch Kooperatives Lernen – Strategien zur Schüleraktivierung. Bd. I und II**
Verlagsgesellschaft Neue Deutsche Schule, 2009
ISBN 978-3-87964-306-6 und 978-3-87964-312-7
(Leseprobe: www.nds-verlag.de/index.php?id=243)

Weitere Literatur- und Internettipps finden Sie im Anhang.

Vorschläge für Lernzielkontrollen und Möglichkeiten zum Themenabschluss

Sollten Sie mehrere Arbeitsblätter dieser Sammlung zu einer kleinen Unterrichtseinheit zusammenfassen wollen, bieten sich folgende Möglichkeiten zum Abschluss der Einheit:

- Portfolio zu den Themen erstellen lassen
- Mithilfe der Arbeitsblätter, erarbeiteten Plakaten usw. eine Ausstellung zu den Themen gestalten lassen
- Eine katholische und eine evangelische Kirche besuchen
- In dem für Ihren Schulbezirk zuständigen katholischen oder evangelischen Schulreferat nach Filmen zu einzelnen Themengebieten fragen (besonders die DVD aus der Reihe „Spurensuche" von Hans Küng ist sehr zu empfehlen: Folge 6: Christentum, 60 Min., 2013)
- Wissensquiz zum Christentum/den Weltreligionen erstellen lassen

Hintergrundinformationen zum Christentum

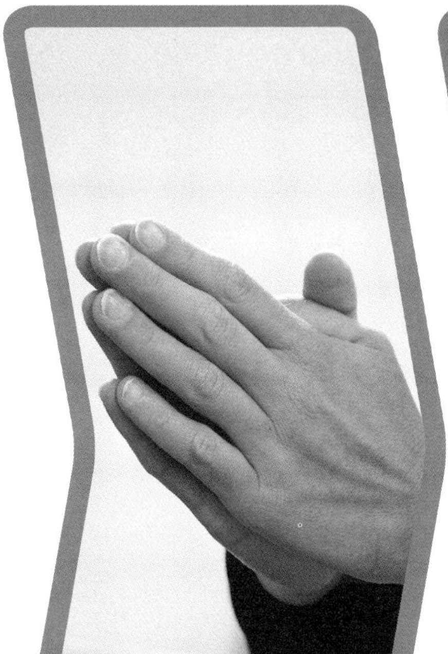

Geschichtlicher Überblick in Daten 1/3

INFO

8–4 v. Chr.
Jesu Geburt

30 n. Chr.
Tod Jesu durch Kreuzigung

1. Jahrhundert
Entstehung und Entwicklung der zunächst vorwiegend jüdischen Urkirche; Jesus Christus wird als der Messias und Auferstandene verkündigt; das Neue Testament entsteht.

35–67
Verkündigung des Paulus; er gewinnt in der griechisch-römischen Welt viele nichtjüdische Anhänger für Jesus; seine Briefe werden Teil des Neuen Testaments; Hinrichtung des Paulus

Um 49
Die Urkirche löst sich nach dem Apostelkonzil, besonders auf Betreiben des Paulus, von zentralen Bestimmungen der Thora, wie den jüdischen Speisevorschriften und der Beschneidung.

67
Der Apostel Petrus wird – wahrscheinlich – in Rom hingerichtet.

Um 150
Das Neue Testament liegt in seiner heutigen Form vor.

1.–4. Jahrhundert
Trotz Christenverfolgungen, besonders unter den Kaisern Nero, Trajan, Decius und Diokletian, breitet sich die christliche Kirche im römischen Reich aus.

2.–5. Jahrhundert
Zeitgemäße Deutung des christlichen Glaubens durch lateinische und griechische Kirchenväter

313
Toleranzedikt von Mailand: Durch dieses Edikt des Kaisers Konstantin wird das Christentum zur erlaubten Religion im römischen Reich – es erfolgt die sogenannte Konstantinische Wende.

325
Das Konzil von Nicäa erklärt, dass es verbindlicher Glaube der Christen sei, die Gottheit Jesu Christi zu bekennen.

Ab 330
Nachdem Kaiser Konstantin Byzanz (das heutige Istanbul) zur Hauptstadt des römischen Reiches gemacht hat und es nun Konstantinopel nennt, entsteht die Orthodoxie.

INFO

Orthodoxie: Ab dem 4. Jahrhundert bildeten sich zwei Traditionslinien im Christentum heraus: die sogenannte Ostkirche, zu der u. a. die griechisch-orthodoxe und später die russisch-orthodoxe Kirche gehören, und die sogenannte Westkirche aus zunächst römisch-katholischer Kirche und nach der Kirchentrennung im 16. Jahrhundert (Reformation) auch evangelischen Kirchen.

380
Durch das Edikt des Kaisers Theodosius wird das Christentum im römischen Reich Staatsreligion.

431
Das Konzil von Ephesus beschließt, Maria, der Mutter Jesu, den Titel „Gottesmutter“ zu geben.

451
Das Konzil von Chalkedon stellt verbindlich fest: Jesus Christus ist wahrer Gott und wahrer Mensch.

Geschichtlicher Überblick in Daten 2/3

INFO

4.–8. Jahrhundert
Die Germanen treten zum christlichen Glauben über.

Ab 7. Jahrhundert
Der Islam entsteht und beginnt, seine Wirkung zu entfalten. Sehr schnell werden ehemals christliche Gebiete in Palästina, Syrien, Nordafrika und Spanien islamisch.

988
Durch den Übertritt Wladimir I., Fürst von Kiew, zum christlichen Glauben beginnt die Christianisierung Russlands.

1054
Die römisch-katholische Kirche und die orthodoxen Kirchen trennen sich endgültig.

11.–13. Jahrhundert
Die römisch-katholische Kirche entwickelt sich zur beherrschenden Macht im überwiegenden Teil von Europa; es kommt zu einer einheitlichen, durch sie geprägten christlichen Kultur in Nord-, West-, Süd- und Mitteleuropa. Griechenland, Russland, Serbien, Bulgarien u. a. sind hingegen durch die Tradition der Ostkirchen, die Orthodoxie, bestimmt.

1096–1270
Durch Kreuzzüge sollen die heiligen Stätten in Jerusalem von den Muslimen befreit werden.

1182–1226
Franz von Assisi, der Gründer des Franziskanerordens, predigt in Italien ein christliches Leben in Armut.

12.–13. Jahrhundert
Die sogenannten Ketzer, Katharer und Waldenser, die statt der reichen, mächtigen Kirche eine arme Kirche wollten, werden gewalttätig und blutig bekämpft; die Inquisition entsteht.

INFO

Inquisition: Das vom lateinischen Wort „inquirere" (untersuchen) abgeleitete Wort ist die Bezeichnung für ein Gerichtsverfahren der römisch-katholischen Kirche, um Menschen zu bekehren oder zu verurteilen, die unter dem Verdacht standen, falschen Glaubenslehren anzuhängen und sie zu verbreiten (sogenannte „Ketzer"). Das Verfahren entstand im 13. Jahrhundert und wurde im 18. Jahrhundert eingestellt. Im Laufe des Verfahrens wurde auch Folter eingesetzt und es kam zu Todesstrafen. Heute wird die Inquisition als brutales und nicht zum christlichen Glauben passendes Verfahren eingeschätzt.

Ab 13. Jahrhundert
In Europa werden vielerorts Juden verfolgt. Man beschuldigt sie fälschlicherweise, Hostien zu schänden, Brunnen zu vergiften und Ritualmorde zu begehen.

INFO

Hostie: So wird das in christlichen Gottesdiensten gereichte Brot (eine kleine runde Backoblate), das an Jesu letztes Abendmahl mit seinen Aposteln vor seiner Kreuzigung erinnert, genannt. In den römisch-katholischen, den orthodoxen und zum Teil auch in den evangelischen Traditionen glaubt man, dass Jesus Christus in diesem Brot (und im Wein) wirklich gegenwärtig ist, weshalb Hostien mit besonderer Ehrfurcht behandelt werden.

16. Jahrhundert
Aufgrund vieler Missstände in der Kirche spaltet sich die abendländische Christenheit in Katholiken und Protestanten. In Deutschland bekämpft der

Geschichtlicher Überblick in Daten 3/3

INFO

Reformator Martin Luther (1483–1546) die Missstände innerhalb der katholischen Kirche und des Papsttums. Er übersetzt das Neue Testament erstmals vollständig in die deutsche Sprache. Ausgelöst durch den Ablassstreit beginnt 1517 die Reformation.

INFO

Ablassstreit: Äußerer Anlass war die von Martin Luther bekämpfte Praxis, dass Gläubigen sogenannte Ablassbriefe verkauft wurden, mit denen u. a. der Bau des Petersdomes finanziert wurde. Grundlage für die Ablassbriefe war die Vorstellung, dass die Gläubigen sich durch gute Taten („Werke") von Sündenstrafen befreien könnten, in diesem Falle eben auch durch Geldbußen. Im Kern bestreitet Luther aber nicht nur das Recht der Kirche, sich an Gläubigen zu bereichern, sondern auch, dass es überhaupt möglich sei, sich selbst von Sündenstrafen zu befreien. Seiner Ansicht nach schenkt Gottes Gnade die Befreiung von den Sünden.

16.–20. Jahrhundert
Neue und revolutionäre Erkenntnisse in den Naturwissenschaften verunsichern die Kirchen: die astronomische Erkenntnis, dass die Erde nicht Mittelpunkt des Weltalls ist (Kopernikus, Giordano Bruno, Kepler, Galilei, Newton), die Erkenntnis, dass der Mensch eine Entwicklungsgeschichte innerhalb der Evolution hat (Darwin) u. a.

1869–1870
Im 1. Vatikanischen Konzil wird unter anderem festgestellt, dass der Papst in Glaubensaussagen unfehlbar sei, also immer dann keinem Irrtum unterliegen könne, wenn er sich endgültig über Glaubensdinge und moralisches Verhalten äußert.

1942–1945
Ca. 6 000 000 Juden werden im Rahmen des Zweiten Weltkriegs in den nationalsozialistischen Vernichtungslagern ermordet. Der Widerstand der Christen ist nur gering.

1962–1965
Mit dem 2. Vatikanischen Konzil strebt die katholische Kirche eine Modernisierung und Öffnung an. Viele Reformen werden auf den Weg gebracht. Die anderen Religionen, besonders aber das Judentum, werden gewürdigt. Die katholische Kirche bekennt sich zur Religionsfreiheit.

AUFGABEN

1. **Lies den geschichtlichen Überblick genau durch und streiche Stellen an, zu denen du Fragen hast. Stelle diese anschließend im Plenum deinen Mitschülern vor, und versucht gemeinsam, eure Fragen zu klären.**
2. **Arbeitet in Kleingruppen von drei bis fünf Schülern: Stellt die Entwicklung des Christentums grafisch dar. Präsentiert euer Ergebnis anschließend euren Mitschülern und begründet eure Wahl der Darstellungsform.**

Blick in die Kuppel des Petersdoms im Vatikan in Rom

© Verlag an der Ruhr | Autor: Ulrich Bracht | ISBN 978-3-8346-2928-9 | www.verlagruhr.de

Christliche Promis

INFO

Viele berühmte Persönlichkeiten der Weltgeschichte bekannten oder bekennen sich zu ihrer **Religion.** Besondere Bedeutung für ein friedliches Miteinander erlangten etwa der Hindu **Mahatma Gandhi,** der **Dalai Lama** als Buddhist oder der christliche Theologe, Musiker und Arzt **Albert Schweitzer.** Diesen und anderen Persönlichkeiten scheint ihre Religion für ihr Handeln von entscheidender Bedeutung zu sein.

Bei uns in Deutschland wird Religion heutzutage kaum mehr als Motivation für gesellschaftliches Handeln wahrgenommen. Dennoch wird mit Interesse in Zeitungen und Fernsehen herausgestellt, wenn eine prominente Persönlichkeit sich offen zu einer Religion bekennt. Allerdings findet die Zugehörigkeit zu den „exotischen" Religionen, wie Hinduismus und Buddhismus, eine weitaus größere Beachtung als die Zugehörigkeit zum Christentum. Aber gerade deshalb lohnt es sich, einmal genauer hinzusehen, welche Persönlichkeiten sich auch heute noch zum Christentum bekennen.

Mahatma Gandhi

Fußballprofi David Alaba

Berühmte bekennende Christen

Das Christsein bekannter Persönlichkeiten wird, wie oben schon gesagt, oft weniger angesprochen. Dass **Xavier Naidoo** sich zum christlichen Glauben bekennt, ist dabei in der Öffentlichkeit sicher bekannter, als dass **Thomas Gottschalk** bekennender Katholik ist. Auch berühmte Fußballspieler, wie z. B. **David Alaba** vom FC Bayern München, sind in einer auffälligen Häufigkeit (oft freikirchliche) Christen. Eher nur am Rande wird wahrgenommen, dass die beiden führenden Persönlichkeiten Deutschlands, der Bundespräsident **Joachim Gauck** und die Bundeskanzlerin **Angela Merkel,** bekennende evangelische Christen sind.

Naturwissenschaftler, die sich zum Christentum bekennen

Häufig wird angenommen, dass Naturwissenschaft und Glaube sich ausschließen. Dennoch gab es und gibt es immer wieder Menschen, die auf überzeugende Weise zeigen können, dass dies durchaus nicht so sein muss. So spricht der auch aus dem Fernsehen bekannte Münchener Physikprofessor Harald Lesch davon, dass er ein evangelischer Christ sei.

Und der bedeutende US-amerikanische Genetiker Francis Collins, der wichtige Erkenntnisse in der Bekämpfung von Erbkrankheiten erzielte, bekennt sich heute, nachdem er zunächst Atheist war, ebenfalls zum christlichen Glauben.

AUFGABE

Diskutiert in Kleingruppen über folgende Fragen:

- Kennt ihr die Glaubensrichtung eurer Verwandten, Freunde und Mitschüler? Warum oder warum nicht? Habt ihr jemals danach gefragt? Ist es euch wichtig?
- Ist Religion (reine) Privatsache? Warum oder warum nicht?
- Ist es wichtig, die Religion prominenter Persönlichkeiten zu kennen?

Das christliche Grundgebet: das Vaterunser

Das Vaterunser ist das **bekannteste Gebet** der Christen. Dies hat zwei Gründe:

a) Es wird nahezu in jedem Gottesdienst gebetet.

b) Nach der Überlieferung des Neuen Testaments ist es das einzige Gebet, das Jesus seine Freunde gelehrt hat.

Das Vaterunser

Vater unser im Himmel
Geheiligt werde dein Name.
Dein Reich komme.
Dein Wille geschehe,
wie im Himmel, so auf Erden.
Unser tägliches Brot gib uns heute.
Und vergib uns unsere Schuld,
wie auch wir vergeben unsern Schuldigern.
Und führe uns nicht in Versuchung,
sondern erlöse uns von dem Bösen.
Denn dein ist das Reich
und die Kraft und die Herrlichkeit
in Ewigkeit. Amen.

(ökumenische, in der Liturgie gebräuchliche Fassung nach Matthäus 6,9–13)

(Quelle: © Evangelische Kirche in Deutschland (EKD) auf www.ekd.de/glauben/vaterunser.html)

Der jüdische Hintergrund

Wie alles, was Jesus gelehrt hat, hat das Vaterunser einen jüdischen Hintergrund, denn Jesus war ein jüdischer Mann. Schon das Judentum lehrt einen Gott, der die Menschen **liebt** und uneingeschränkt bereit ist, ihnen **zu vergeben**, wenn sie schuldig geworden sind.

Gottvertrauen im Vaterunser

Schon die Anrede „Vater" zeigt ein **inniges Verhältnis** der Betenden zu Gott, die diesem vertrauen wie einem guten **Vater**. So verlassen sie sich darauf, dass alles gut wird, wenn sein „Wille geschehe". Die Betenden vertrauen darauf, dass Gott ihnen vergibt, wenn sie schuldig geworden sind, und hoffen darauf, dass sie gar nicht erst in Situationen geraten, in denen sie schuldig werden können („Versuchung"). Ebenso hoffen sie, dass sie irgendwann nicht mehr von Schuld, Leid, Krankheit und Tod belastet werden („erlöse uns von dem Bösen").

AUFGABEN

1. **Lies den Text und notiere dir, warum das Vaterunser das wichtigste Gebet der Christen ist und wodurch es das Gottvertrauen der Christen zeigt.**
2. **Arbeitet in Kleingruppen von drei bis fünf Schülern: Stellt euch gegenseitig eure Ergebnisse aus Aufgabe 1 vor. Vergleicht eure Notizen und besprecht vor allem auch, was eurer Meinung nach bedeutet: „Und vergib uns unsere Schuld, wie auch wir vergeben unsern Schuldigern" (also denen, die uns gegenüber etwas falsch gemacht haben). Findet dafür ein Beispiel aus eurem Alltag.**
3. **Entwickelt zu eurem Beispiel ein Rollenspiel. Verteilt die Rollen, übt das Rollenspiel ein und präsentiert es euren Mitschülern!**

 © Verlag an der Ruhr | Autor: Ulrich Bracht | ISBN 978-3-8346-2928-9 | www.verlagruhr.de

Das christliche Grundgebet: das Vaterunser 1/2

Das Vaterunser ist das **bekannteste Gebet** der Christen. Dies hat zwei Gründe:

a) Es wird nahezu in jedem Gottesdienst gebetet.

b) Nach der Überlieferung des Neuen Testaments ist es das einzige Gebet, das Jesus seine Freunde gelehrt hat (Matthäus 6,9–13; Lukas 11,1–4).

Der jüdische Hintergrund

Wie alles, was Jesus gelehrt hat, hat das Vaterunser einen jüdischen Hintergrund, denn Jesus war ein jüdischer Mann. Schon das Judentum lehrt einen Gott, der die Menschen **liebt** und uneingeschränkt bereit ist, ihnen **zu vergeben**, wenn sie schuldig geworden sind.

Das Vaterunser weist also **Ähnlichkeiten zu jüdischen Gebeten** auf. Ein wichtiger Unterschied ist aber, dass jüdische Gebete in der für Juden heiligen Sprache Hebräisch formuliert sind. Das Vaterunser hingegen formulierte Jesus damals wohl in der für ihn üblichen **Umgangssprache Aramäisch.** Das zeigt, dass er eine Sprache benutzen wollte, die **für die einfachen Menschen** leichter zu verstehen ist.

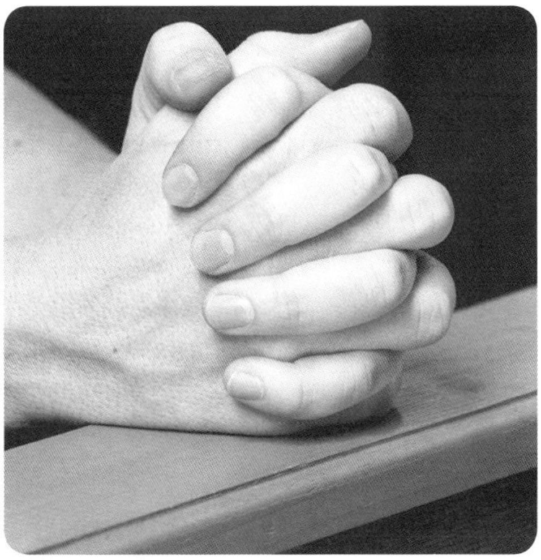

Hände zum Gebet gefaltet

Gottvertrauen im Vaterunser

Jesus benutzt als Anrede für Gott das Wort „Abba", das so viel bedeutet wie „guter Vater" oder „Väterchen". Im Judentum wurde Gott meist als „Herr" angeredet. Diese **vertrauliche Anrede** Gottes als guter **Vater** zeigt, dass Jesus die Menschen lehren wollte, dass sie sich im Gebet an Gott wie an einen guten Vater wenden können. Gerade in diesem tiefen Vertrauen auf Gott, dem **innigen Verhältnis der Betenden zu Gott,** liegt das Besondere des Christentums.

So verlassen sich die Betenden darauf, dass alles gut wird, wenn sein „Wille geschehe". Sie **vertrauen** darauf, dass Gott ihnen vergibt, wenn sie schuldig geworden sind, und hoffen darauf, dass sie gar nicht erst in Situationen geraten, in denen sie schuldig werden können („Versuchung"). Ebenso hoffen sie, dass sie irgendwann nicht mehr von Schuld, Leid, Krankheit und Tod belastet werden („erlöse uns von dem Bösen").

Das christliche Grundgebet: das Vaterunser 2/2

Das Vaterunser

Vater unser im Himmel
Geheiligt werde dein Name.
Dein Reich komme.
Dein Wille geschehe,
wie im Himmel, so auf Erden.
Unser tägliches Brot gib uns heute.
Und vergib uns unsere Schuld,
wie auch wir vergeben unsern
Schuldigern.
Und führe uns nicht in Versuchung,
sondern erlöse uns von dem Bösen.
Denn dein ist das Reich
und die Kraft und die Herrlichkeit
in Ewigkeit. Amen.

(ökumenische, in der Liturgie gebräuchliche Fassung nach Matthäus 6,9–13)

(Quelle: © Evangelische Kirche in Deutschland (EKD) auf www.ekd.de/glauben/vaterunser.html)

Vater,
dein Name werde geheiligt.
Dein Reich komme.
Gib uns täglich das Brot,
das wir brauchen.
Und erlass uns unsere Sünden;
denn auch wir erlassen jedem,
was er uns schuldig ist.
Und führe uns nicht in Versuchung.

(Lukas 11,2–4)

AUFGABEN

1. **Lies den Text auf der ersten Seite und notiere dir, warum das Vaterunser als das wichtigste Gebet der Christen gilt und was das Besondere an diesem Gebet ist.**
2. **Vergleiche die beiden Fassungen des Vaterunsers aus dem Matthäus- und dem Lukasevangelium und stelle Vermutungen an, warum das Gebet in den beiden Evangelien unterschiedlich wiedergegeben wird.**
3. **Arbeitet in Kleingruppen von drei bis fünf Schülern: Stellt euch gegenseitig eure Ergebnisse aus den Aufgaben 1 und 2 vor. Vergleicht eure Notizen und besprecht vor allem auch, was eurer Meinung nach bedeutet: „Und vergib uns unsere Schuld, wie auch wir vergeben unseren Schuldigern" (also denen, die uns gegenüber etwas falsch gemacht haben). Findet dafür ein Beispiel aus eurem Alltag.**
4. **Entwickelt zu eurem Beispiel ein Rollenspiel. Verteilt die Rollen, übt das Rollenspiel ein und präsentiert es euren Mitschülern!**

© Verlag an der Ruhr | Autor: Ulrich Bracht | ISBN 978-3-8346-2928-9 | www.verlagruhr.de

Weltreligionen im Vergleich

Die fünf Weltreligionen

INFO

Es gab und gibt eine **Vielzahl unterschiedlicher Religionen.** Manche von ihnen sind heute ausgestorben, wie die Religionen der antiken Griechen, Römer, Ägypter oder Germanen. Viele aber bestehen bis zum heutigen Tage. So ist kein Volk oder Land bekannt, in dem es nicht irgendeine Art von Religion gäbe. Daneben gibt es besonders in unserer Zeit, vor allem in Europa und Nordamerika in steigender Zahl, natürlich auch Menschen, die sich als nicht religiös oder auch als nicht gottgläubig bezeichnen.

Unter all den vielen Formen von Religion auf der Welt spricht man aber nur von **fünf Weltreligionen:** Gemeint sind **Hinduismus, Buddhismus, Judentum, Christentum und Islam.** Im Unterschied zu den anderen Religionen haben sie eine **weltweite Bedeutung.** Im Folgenden werden sie kurz vorgestellt:

Hinduismus

Die **älteste Weltreligion:** Sie ist in der Mitte des zweiten Jahrtausends vor Christus **in Indien** entstanden (noch heute sind ca. 80 % aller Inder Hindus) und hat heute über **800 Millionen** Anhänger. Bekannt ist bei uns vor allem die Form des Hinduismus, in der viele verschiedene Götter verehrt werden. Es gibt allerdings auch Hindus, die nur eine göttliche Macht anerkennen.

Buddhismus

Der Buddhismus ist ungefähr 400 Jahre vor dem Christentum und mehr als 1 000 Jahre vor dem Islam entstanden. Er ist also eine „mittelalte" Weltreligion. Heute bekennen sich etwa **300 Millionen** Menschen zum Buddhismus. Der Buddhismus **entstand in Indien,** aber später breitete er sich nach Sri Lanka, China, Nordpakistan, dann auch nach Burma, Thailand, Java und Sumatra aus. Später wurde er z. B. auch zu einer der wichtigsten Religionen in Japan. Heute ist der Buddhismus in vielen Ländern der Welt, auch in Deutschland und den USA, zu finden.

Judentum

Die Entstehungsgeschichte des Judentums beginnt vor über 3 000 Jahren, es ist also die **zweitälteste Weltreligion.** Mit seinem Glauben an nur einen Gott hat das Judentum maßgeblich auch **das Christentum und den Islam geprägt.** Mit ungefähr **14 Millionen** Anhängern ist das Judentum die **kleinste der Weltreligionen.**

Christentum

Das Christentum ist vor etwa 2 000 Jahren durch die Verkündigung der Anhänger Jesu nach dessen Tod entstanden. Mit über **2 Milliarden** Anhängern ist das Christentum die **zahlenmäßig größte Religion.**

Islam

Mit ungefähr **1,6 Milliarden** Anhängern ist der Islam nach dem Christentum die zweitgrößte Weltreligion. Er entstand etwa um 610 n. Chr. durch den Propheten Mohammed und ist damit die **jüngste Weltreligion.** Die Entwicklung des Islam begann **in Arabien.** Heute ist er aber genauso in der Türkei, dem Iran, Afghanistan, Indonesien und vielen anderen Ländern der Welt verbreitet.

 © Verlag an der Ruhr | Autor: Ulrich Bracht | ISBN 978-3-8346-2928-9 | www.verlagruhr.de

Abraham in Judentum, Christentum und Islam

Die Bibel berichtet von einem Mann namens **Abraham,** der in der Gegend des heutigen Irak lebte. Aber nicht nur im **Alten Testament** bzw. in der **hebräischen Bibel,** die für Juden und Christen gleichermaßen Heilige Schrift ist, sondern **auch im Koran,** der Heiligen Schrift des Islam, wird von Abraham berichtet. Damit ist er von großer Bedeutung **für drei Weltreligionen:** das Judentum, das Christentum und den Islam. Dies sind die drei Weltreligionen, die **nur einen Gott** anbeten. Da alle drei Religionen ihren Glauben an den einen Gott auf Abraham zurückführen, nennt man sie die **abrahamitischen Religionen.**

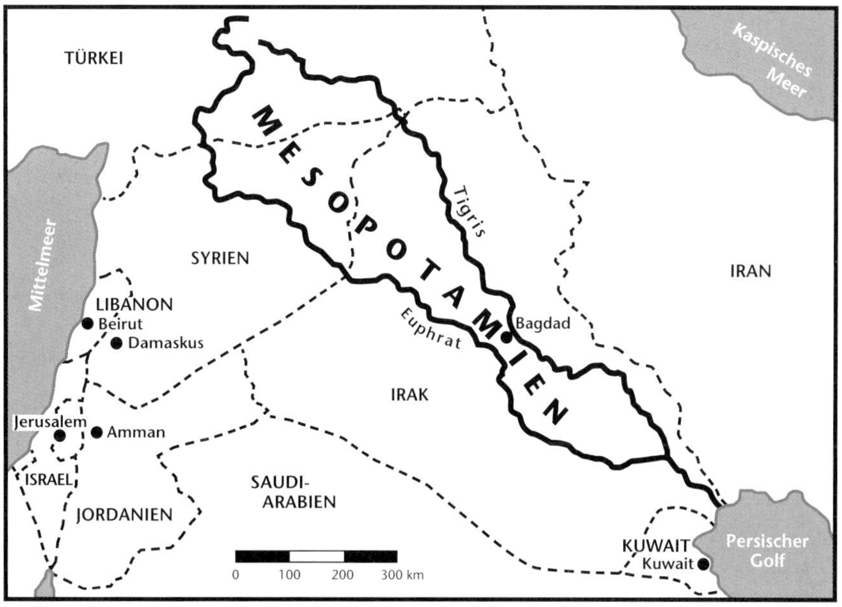

Das Zweistromland „Mesopotamien"

Der eine Gott und die vielen Götter

Es wird sowohl im Alten Testament als auch im Koran berichtet, dass zu Abrahams Zeit die Menschen im Zweistromland, dem heutigen Irak, an **viele Götter** glaubten. Die Menschen brachten Opfer dar, um ihre Götter gnädig zu stimmen.

Abraham aber glaubte nur an **einen Gott,** denn dieser, so erzählt es die Bibel, hatte sich ihm offenbart und ihn aufgefordert, mit seiner Familie seine Heimat zu verlassen und ein neues Land zu suchen. So wurde er nach einer langen und schweren Wanderung im Land Kanaan, im heutigen Israel, ansässig. Die Erzählung im Alten Testament berichtet davon, dass Gott dort mit Abraham einen **Bund geschlossen** hätte, der ihm und seinen Nachkommen dieses **fruchtbare Land** zum Besitz verspricht.

Die Nachkommen Abrahams

Zunächst aber musste Abraham lange darauf warten, Kinder zu bekommen. Seine Frau Sara bekam kein Kind von ihm. Erst mit der Sklavin Hagar zeugte Abraham seinen Sohn **Ismael.** Sowohl nach der Bibel als auch nach dem Koran ist dieser der **Stammvater der arabischen Stämme.**

In einem sehr hohen Alter bekam Sara schließlich doch noch einen Sohn von Abraham, dieser wurde **Isaak** genannt und gilt als **Stammvater des Volkes Israel.**

AUFGABEN

1. **Arbeitet zu zweit: Lest den Text aufmerksam durch und gebt den Inhalt pro Abschnitt mit eigenen Worten abwechselnd mündlich wieder.**
2. **Überlegt euch anschließend, warum Abraham so wichtig für Judentum, Christentum und Islam ist. Stellt dies in einem Schaubild dar.**

Abraham in Judentum, Christentum und Islam

Die Bibel berichtet von einem Mann namens Abraham, der in der Gegend des heutigen Irak lebte. Aber nicht nur im Alten Testament bzw. der hebräischen Bibel, die für Juden und Christen gleichermaßen Heilige Schrift ist, sondern auch im Koran, der Heiligen Schrift des Islam, wird von Abraham berichtet. So ist er von großer Bedeutung für drei Weltreligionen: das Judentum, das Christentum und den Islam. Dies sind die drei monotheistischen Weltreligionen. Monotheistisch bedeutet, dass sie nur einen Gott anbeten. Da alle drei Religionen ihren Glauben an den einen Gott auf Abraham zurückführen, nennt man sie auch die abrahamitischen Religionen.

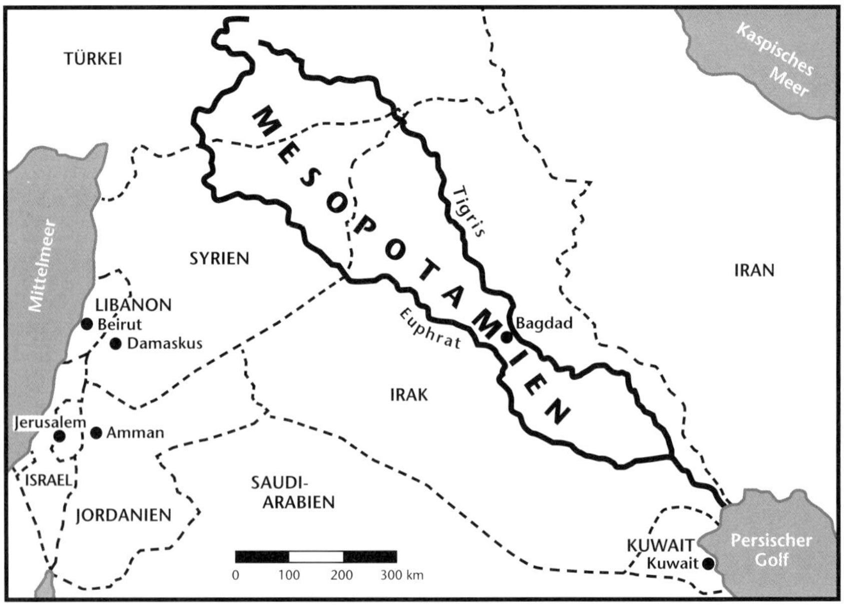

Das Zweistromland „Mesopotamien"

Der eine Gott und die vielen Götter

Es wird sowohl im Alten Testament als auch im Koran berichtet, dass zu Abrahams Zeit die Menschen in Mesopotamien (dem „Zweistromland"), dem heutigen Irak, an viele Götter glaubten. Für jeden Lebensbereich gab es einen Gott, der für diesen zuständig war. So war z. B. Baal zuständig für Wetter, Ernte und die Gesundheit der Viehherden. Der oberste Gott war El, was übersetzt einfach nur Gott bedeutet. Daneben gab es noch Götter, die nur von einzelnen Familien oder Sippen verehrt und wohl auch gefürchtet wurden. Um ihre Götter gnädig zu stimmen, brachten die Menschen Opfer dar.

Abraham aber glaubte, dass nur sein Gott (Jahwe) wirklich Macht besäße, denn dieser, so erzählt es die Bibel, hatte sich Abraham offenbart und ihn aufgefordert, mit seiner Familie seine Heimat zu verlassen und ein neues Land zu suchen. Abraham folgte dieser Weisung. So wurde er nach einer langen und schweren Wanderung im Land Kanaan, im heutigen Israel, ansässig. Die Erzählung im Alten Testament berichtet davon, dass Gott dort mit Abraham einen Bund geschlossen hätte, der ihm und seinen Nachkommen dieses fruchtbare Land zum Besitz verspricht.

Die Nachkommen Abrahams

Zunächst aber musste Abraham lange darauf warten, Kinder zu bekommen. Seine Frau Sara bekam kein Kind von ihm. Erst mit der Sklavin Hagar zeugte Abraham seinen Sohn Ismael. Sowohl nach der Bibel als auch nach dem Koran ist dieser der Stammvater der arabischen Stämme.
In einem sehr hohen Alter bekam Sara schließlich doch noch einen Sohn von Abraham, dieser wurde Isaak genannt und gilt als Stammvater des Volkes Israel.

AUFGABEN

1. **Lies den Text aufmerksam durch und markiere die Schlüsselwörter.**
2. **Arbeitet zu zweit: Überlegt euch, warum Abraham so wichtig für Judentum, Christentum und Islam ist. Schreibt die Gründe gemeinsam in euren eigenen Worten auf.**
3. **Bildet Gruppen von drei bis sechs Schülern: Lest arbeitsteilig Genesis (1. Buch Mose) 12, 13, 15, 16, 17 und 21 und stellt euch gegenseitig vor, was in den einzelnen Kapiteln erzählt wird. Fasst die wichtigsten Informationen über Abraham auf einem Plakat zusammen.**

© Verlag an der Ruhr | Autor: Ulrich Bracht | ISBN 978-3-8346-2928-9 | www.verlagruhr.de

Christentum und Judentum: ein besonderes Verhältnis

Um das Christentum richtig zu verstehen, muss man wissen, dass es in vielem abhängig ist von der jüdischen Religion. Ohne seine jüdischen Wurzeln lässt sich das Christentum nicht begreifen. Doch woran liegt es, dass Judentum und Christentum eine so besondere Beziehung haben?

Jesus von Nazareth

Welcher Religion gehörte Jesus an? Jedenfalls war Jesus nicht etwa ein Christ. Die Religion des Christentums entstand erst nach seinem Tode, indem seine Anhänger an das Lebenszeugnis und die Botschaft Jesu glaubten. Jesus selbst war bis zu seinem Tod ein gläubiger Jude! Als jüdischer Junge war er beschnitten, er feierte Gottesdienste in der Synagoge, betete die Psalmen und er starb mit einem jüdischen Gebet auf den Lippen. Auch seine Anhänger zu seinen Lebzeiten, die Apostel und die Jüngerinnen und Jünger, waren ohne Ausnahme Juden.

Der zentrale Teil der Heiligen Schriften der Juden (= Tenach), die Thora

Die Bibel

Die heiligen Texte, an die Jesus glaubte, bilden noch heute die Heilige Schrift des Judentums, den sogenannten Tenach. Die Juden nennen diese Texte „das Gesetz und die Propheten“. Sie finden sich auch in der christlichen Bibel wieder, und zwar im Alten Testament. Dieses ist für die Christen eine wichtige Quelle ihres Glaubens. Ohne das Alte Testament, also die heiligen Texte des Judentums, kann man die christliche Lehre, die Botschaft Jesu und das Neue Testament nicht verstehen.

Die Heilige Schrift der Christen, die Bibel

AUFGABEN

1. **Lies den Text aufmerksam durch und unterstreiche die wichtigen Stellen.**
2. **Arbeitet zu zweit: Beantwortet folgende Fragen und erklärt sie euch gegenseitig in euren eigenen Worten:**
   - Welcher Religion gehörte Jesus an? Woran lässt sich das erkennen?
   - Welche Heilige Schrift haben Judentum und Christentum gemeinsam?
3. **Arbeitet in Kleingruppen von drei bis fünf Schülern: Entwerft ein Infoplakat zum Thema „Das besondere Verhältnis von Judentum und Christentum“ und präsentiert es euren Mitschülern.**

Christentum und Judentum: ein besonderes Verhältnis

Um das Christentum richtig zu verstehen, muss man wissen, dass es in vielem **abhängig ist von der jüdischen Religion.** Ohne seine **jüdischen Wurzeln** kann man das Christentum nicht begreifen. Doch woran liegt es, dass Judentum und Christentum eine so besondere Beziehung haben?

Jesus von Nazareth

Welcher Religion gehörte Jesus an? Jedenfalls war Jesus nicht etwa ein Christ. Die Religion des Christentums entstand erst nach seinem Tode, indem seine Anhänger an das Lebenszeugnis und die Botschaft Jesu glaubten. Jesus selbst war bis zu seinem Tod ein **gläubiger Jude!** Als jüdischer Junge war er beschnitten, er feierte Gottesdienste in der Synagoge, betete die Psalmen und er starb mit einem jüdischen Gebet auf den Lippen. Auch seine Anhänger zu seinen Lebzeiten, die Apostel und die Jüngerinnen und Jünger, waren ohne Ausnahme Juden.

Die Bibel

Die heiligen Texte, an die Jesus glaubte, bilden noch heute die Heilige Schrift des Judentums, den sogenannten Tenach. Die Juden nennen diese Texte „das Gesetz und die Propheten". Sie finden sich auch in der christlichen Bibel wieder, und zwar im **Alten Testament.** Dieses ist für die Christen eine **wichtige Quelle ihres Glaubens.** Ohne das Alte Testament, also die heiligen Texte des Judentums, kann man die christliche Lehre, die Botschaft Jesu und das Neue Testament nicht verstehen.

Der zentrale Teil der Heiligen Schriften der Juden (= Tenach), die Thora

Nicht du trägst die Wurzel, sondern die Wurzel trägt dich

Der wohl wichtigste Verkünder des christlichen Glaubens in den ersten Jahrzehnten nach Jesu Tod war der heilige **Paulus.** Auch er war Jude und war enttäuscht darüber, dass die meisten seiner Glaubensgeschwister nicht zu Anhängern Jesu geworden waren. Gleichzeitig sprach er sich dafür aus, dass das Christentum sich immer seiner **Verbundenheit mit dem Judentum** bewusst sein sollte. Dazu schrieb er Briefe an die entstehenden christlichen Gemeinden. Sie finden sich im Neuen Testament und prägten entscheidend den christlichen Glauben. Der wichtigste unter diesen Briefen ist der an die Gemeinde in Rom, der deshalb auch **Römerbrief** genannt wird. In diesem Brief sagt Paulus über das **Verhältnis des Judentums zum Christentum:** „Nicht du trägst die Wurzel, sondern die Wurzel trägt dich" (Römer 11,18).

AUFGABEN

1. **Überlege dir vor dem Hintergrund des gesamten Textes, was es bedeuten könnte, wenn Paulus sagt: „Nicht du trägst die Wurzel, sondern die Wurzel trägt dich." Wen hat er damit angesprochen und was hat er gemeint?**
2. **Arbeitet in Kleingruppen von drei bis fünf Schülern: Besprecht eure Ergebnisse aus Aufgabe 1 und malt gemeinsam ein Bild dazu, das ihr eurer Lerngruppe vorstellt.**

 | ISBN 978-3-8346-2928-9 | www.verlagruhr.de

Das Christentum als universale Religion

Die fünf Weltreligionen

Hinduismus, Buddhismus, Judentum, Christentum und Islam sind die fünf sogenannten Weltreligionen. Dabei sind Judentum, Hinduismus und Buddhismus deutlich ältere Religionen als das Christentum. Von diesen richten sich die beiden erstgenannten (**Judentum** und **Hinduismus**) überwiegend an jeweils ein Volk: Das Judentum richtet sich an Juden, der Hinduismus an Inder. Der **Buddhismus** dagegen ist die erste universale Religion, das heißt, er bezieht sich nicht auf ein bestimmtes Volk; vielmehr schließen sich Menschen verschiedener Länder und Völker dem Buddhismus an.

Das ist vergleichbar mit dem **Christentum,** das in Israel entstand und dessen erste Anhänger Juden waren, das aber sehr schnell in weiteren Gebieten, wie Griechenland, Syrien, Nordafrika und sogar Rom, Fuß fasste.

Der **Islam** dagegen entstand in Arabien. Heute ist er aber genauso in der Türkei, dem Iran, Afghanistan, Indonesien und vielen anderen Ländern der Welt verbreitet.

Das Kreuz ist das bekannteste Symbol des Christentums.

Die Vielfalt des Christentums

Das Christentum ist heute die zahlenmäßig größte aller Religionen. **Nahezu überall auf der Welt** gibt es Christen. Neben den Unterschieden, die durch die verschiedenen christlichen Konfessionen (katholisch, evangelisch, orthodox usw.) entstanden sind, spielt es eine vielleicht noch größere Rolle, ob Menschen aus Afrika, aus Asien, aus Amerika oder aus Europa sich zum Christentum bekennen. Sie alle bringen ihre besonderen Lebensvorstellungen, Sitten und Gebräuche mit in das Christentum hinein, sodass es in den unterschiedlichen Ländern und Erdteilen eine **große Vielfalt christlichen Lebens** gibt. Gemeinsam ist aber allen der Glaube an die Botschaft Jesu Christi.

AUFGABEN

1. **Schreibe die fünf Weltreligionen heraus und teile sie in zwei Gruppen ein. Welche Einteilung ist hier sinnvoll?**
2. **Arbeitet zu zweit: Vergleicht eure Ergebnisse aus Aufgabe 1 und beschreibt anschließend, warum das Christentum eine „universale Religion" ist.**
3. **Berichte deinem Partner, ob und was du schon einmal über die im Text angesprochenen Religionen, christlichen Konfessionen und über Christen in anderen Erdteilen gelesen und gehört hast.**

Das Christentum als universale Religion

Die fünf Weltreligionen

Hinduismus, Buddhismus, Judentum, Christentum und Islam sind die fünf sogenannten Weltreligionen. **Judentum, Hinduismus** und Buddhismus sind deutlich ältere Religionen als das Christentum. Die beiden erstgenannten dieser Religionen richten sich überwiegend an jeweils ein Volk: Das Judentum richtet sich an Juden, der Hinduismus an Inder. Der **Buddhismus** dagegen ist die erste universale Religion, das heißt, er bezieht sich nicht auf ein bestimmtes Volk, sondern Menschen verschiedener Länder und Völker schließen sich dem Buddhismus an.
Das ist vergleichbar mit dem **Christentum,** das in Israel entstand und dessen erste Anhänger Juden waren, das aber sehr schnell in weiteren Gebieten, wie Griechenland, Syrien, Nordafrika und sogar Rom, Fuß fasste.
Der **Islam** dagegen entstand in Arabien. Heute ist er aber genauso in der Türkei, dem Iran, Afghanistan, Indonesien und vielen anderen Ländern der Welt verbreitet.

Die Vielfalt des Christentums

Das Christentum ist heute die zahlenmäßig größte aller Religionen. **Nahezu überall auf der Welt** gibt es Christen. Neben den Unterschieden, die durch die unterschiedlichen christlichen Konfessionen (katholisch, evangelisch, orthodox usw.) entstanden sind, spielt es eine vielleicht noch größere Rolle, ob Menschen aus Afrika, aus Asien, aus Amerika oder aus Europa sich zum Christentum bekennen. Sie alle bringen ihre Lebensvorstellungen, Sitten und Gebräuche mit in das Christentum hinein, sodass es in den unterschiedlichen Ländern und Erdteilen eine **große Vielfalt christlichen Lebens** gibt.

Das Christentum kann also nicht als eine Einheit betrachtet werden. Zu vielfältig sind seine Ausprägungen. Viele Millionen Menschen betrachten sich als Christen. Sie kommen nicht nur aus nahezu allen Ländern, aus reichen und aus armen, sondern auch aus allen möglichen Berufen, sind gebildet oder weniger gebildet. Was führt nun dazu, dass sie sich alle als Christen bezeichnen? Sie alle haben den Glauben an die Botschaft Jesu Christi gemeinsam.

Das Kreuz ist das bekannteste Symbol des Christentums.

AUFGABEN

1. **Erarbeite in wenigen Sätzen einen Lexikonartikel zum Thema „Buddhismus, Christentum und Islam – die drei universalen Weltreligionen".**
2. **Arbeitet in Kleingruppen von drei bis fünf Schülern: Überlegt euch, was dazu führen kann, dass eine Religion universal wird. Schreibt dazu mindestens drei Thesen auf.**
3. **Präsentiert euer Ergebnis aus Aufgabe 2 euren Mitschülern und vergleicht eure Thesen mit denen der anderen Gruppen. Diskutiert gemeinsam.**

 ISBN 978-3-8346-2928-9 | www.verlagruhr.de

Die Rolle der Frau in Christentum und Islam

Oft hört man die Behauptung, die Frau werde im Islam unterdrückt, wohingegen sie in den Kulturen der westlichen Welt mit dem Mann gleichgestellt sei. Dies wäre aber eine zu vereinfachte Darstellung, denn die Wahrheit ist viel komplizierter.

Frauen im Islam

Zunächst einmal ist es wichtig, zu verstehen, dass es **innerhalb der Glaubensgemeinschaft des Islam große Unterschiede** gibt (genau wie im Christentum und auch in vielen anderen Religionen). Sehr **konservative, strenggläubige Muslime** legen den Koran, die Heilige Schrift des Islam, anders aus als **liberale, modern lebende Muslime.** Man kann den Koran so verstehen, dass Frauen und Männer vor Gott **grundsätzlich gleichwertig** sind. Manche heben jedoch die Stellen hervor, in denen geschrieben steht, dass die **Männer „über den Frauen stehen"**, und die so ausgelegt werden können, dass der Mann die Verantwortung für – und damit auch die Entscheidungsgewalt über – seine (Ehe-)Frau hat. Tatsächlich fällt auf, dass Frauen in muslimischen Gemeinden **oft nur wenig Mitspracherecht** haben. Seit jeher übernahmen in muslimisch geprägten Gesellschaften Männer die führenden Rollen. Noch heute leben viele Muslime in der **traditionellen Rollenverteilung**, nach der die Frauen keine weiterführende Schulbildung erhalten und sich in der Regel ausschließlich um den Haushalt und die Kinder kümmern, während die Männer arbeiten und das Geld verdienen. Mittlerweile gibt es aber immer mehr moderne Muslime, die sich **für die Selbstbestimmung der Frau** in den Bereichen Familie, Bildung und Beruf einsetzen. Viele Muslima studieren, verdienen ihr eigenes Geld und üben **z. T. sogar hohe politische Ämter** aus, wie z. B. Benazir Bhutto, die Ende des 20. Jh. Premierministerin von Pakistan war. Allerdings können Frauen sich nicht zum Imam (Vorbeter in der Moschee) ausbilden lassen und beten in der Moschee in der Regel in einem abgetrennten Bereich abseits der Männer.

Frauen im Christentum

Jesus hatte viele **weibliche Anhänger.** Die Evangelien berichten davon, dass Frauen zu seinen wichtigsten Vertrauten gehörten. Auch **in den ersten christlichen Gemeinden** hatten Frauen durchaus wichtige Positionen inne.
Im Laufe der Geschichte aber übernahmen dann vor allem im Hinblick auf religiöse Ämter nur noch **Männer die Führungspositionen.** Dies ist in der **katholischen Kirche** und in den **orthodoxen Kirchen bis heute** so geblieben. In den **evangelischen Kirchen** hingegen können Frauen **heutzutage Pfarrerinnen** werden und auch **hohe Ämter** einnehmen, wie z. B. Margot Käßmann, die bis 2010 Bischöfin der Landeskirche Hannover war und gleichzeitig als Ratsvorsitzende eine wichtige Position an der Spitze der Evangelischen Kirchen in Deutschland innehatte. Auch gesellschaftlich setzen sich seit vielen Jahren immer mehr Christen **für die Gleichberechtigung der Frau** ein. Es wird z. B. immer selbstverständlicher, dass auch Frauen Führungspositionen einnehmen, und in Deutschland nehmen jedes Jahr mehr Männer Elternzeit, um sich zu Hause um die Kinder zu kümmern und so die traditionelle Rollenverteilung zu durchbrechen.

AUFGABEN

1. **Überlege dir, warum Frauen gleichberechtigt mit Männern sein sollten, indem du ein Cluster entwirfst.**
2. **Arbeitet in Kleingruppen von drei bis fünf Schülern: Vergleicht eure Ergebnisse aus Aufgabe 1 und sammelt dann gemeinsam Beispiele, wo Frauen in unserer Gesellschaft noch immer nicht gleichberechtigt sind.**

Die Rolle der Frau in Christentum und Islam

Oft hört man die Behauptung, die Frau werde im Islam unterdrückt, wohingegen sie in den Kulturen der westlichen Welt mit dem Mann gleichgestellt sei. Dies wäre aber eine zu vereinfachte Darstellung, denn die Wahrheit ist viel komplizierter.

Frauen im Islam

Zunächst einmal ist es wichtig, zu verstehen, dass es **innerhalb der Glaubensgemeinschaft des Islam große Unterschiede** gibt (genau wie im Christentum und auch in vielen anderen Religionen). Sehr **konservative, strenggläubige Muslime** legen den Koran, die Heilige Schrift des Islam, anders aus als **liberale, modern lebende Muslime.** Man kann den Koran so verstehen, dass Frauen und Männer vor Gott **grundsätzlich gleichwertig** sind. Manche heben jedoch die Stellen hervor, in denen geschrieben steht, dass die **Männer „über den Frauen stehen"**, und die so ausgelegt werden können, dass der Mann die Verantwortung für – und damit auch die Entscheidungsgewalt über – seine (Ehe-)Frau hat. Tatsächlich fällt auf, dass Frauen in muslimischen Gemeinden **oft nur wenig Mitspracherecht** haben. Schon seitdem es den Islam gibt, waren die Gesellschaften, in denen der Islam Fuß fassen konnte, von Männern beherrscht, sodass Männer auch die führenden Rollen übernahmen. Noch heute leben viele Muslime in der **traditionellen Rollenverteilung**, nach der die Frauen keine weiterführende Schulbildung erhalten und sich in der Regel ausschließlich um den Haushalt und die Kinder kümmern, während die Männer arbeiten und das Geld verdienen. Mittlerweile gibt es aber immer mehr moderne Muslime, die sich **für die Selbstbestimmung der Frau** in den Bereichen Familie, Bildung und Beruf einsetzen. Viele Muslima studieren, verdienen ihr eigenes Geld und üben **z. T. sogar hohe politische Ämter** aus, wie z. B. Benazir Bhutto, die Ende des 20. Jh. Premierministerin von Pakistan war. Allerdings können Frauen sich nicht zum Imam (Vorbeter in der Moschee) ausbilden lassen und beten in der Moschee in der Regel in einem abgetrennten Bereich abseits der Männer.

Frauen im Christentum

Jesus hatte viele **weibliche Anhänger.** Die Evangelien berichten davon, dass Frauen zu seinen wichtigsten Vertrauten gehörten. Auch **in den ersten christlichen Gemeinden** hatten Frauen durchaus **wichtige Positionen** inne, z. B. als Gemeindeleiterinnen. Aber schon während der Entstehung des Neuen Testaments wurde der Einfluss der Frauen zurückgedrängt. Die in der Gesellschaft der Antike übliche **„patriarchale Herrschaft" (Männerherrschaft)** setzte sich gegenüber der Praxis Jesu und der ersten Gemeinden durch. Im Laufe der Geschichte übernahmen vor allem im Hinblick auf religiöse Ämter nur noch Männer die Führungspositionen. Dies ist in der **katholischen Kirche** und in den **orthodoxen Kirchen bis heute** so geblieben. In den **evangelischen Kirchen** hingegen können Frauen **heutzutage Pfarrerinnen** werden und auch **hohe Ämter** einnehmen, wie z. B. Margot Käßmann, die bis 2010 Bischöfin der Landeskirche Hannover war und gleichzeitig als Ratsvorsitzende eine wichtige Position an der Spitze der Evangelischen Kirchen in Deutschland innehatte. Auch gesellschaftlich setzen sich seit vielen Jahren immer mehr Christen **für die Gleichberechtigung der Frau** ein. Es wird z. B. immer selbstverständlicher, dass auch Frauen Führungspositionen einnehmen, und in Deutschland nehmen jedes Jahr mehr Männer Elternzeit, um sich zu Hause um die Kinder zu kümmern und so die traditionelle Rollenverteilung zu durchbrechen.

AUFGABE

Arbeitet in Kleingruppen von drei bis fünf Schülern: Erstellt gemeinsam eine Mindmap zum Thema „Die Rolle der Frau in Christentum und Islam". Diskutiert anschließend, ob und, wenn ja, warum Frauen auch in den Religionen gleichberechtigt sein sollten.

© Verlag an der Ruhr | Autor: Ulrich Bracht | ISBN 978-3-8346-2928-9 | www.verlagruhr.de

Die Bibel als Heilige Schrift des Christentums

Die Bibel als Bibliothek

INFO

Das Wort „Bibel“ kommt aus dem Griechischen und bedeutet einfach nur „**Buch**“. Aber wenn man es sich genau überlegt, ist die Bibel nicht nur ein Buch: Eigentlich besteht sie **aus ganz vielen unterschiedlichen Büchern**. Im Grunde ist sie so etwas wie eine kleine Bibliothek.

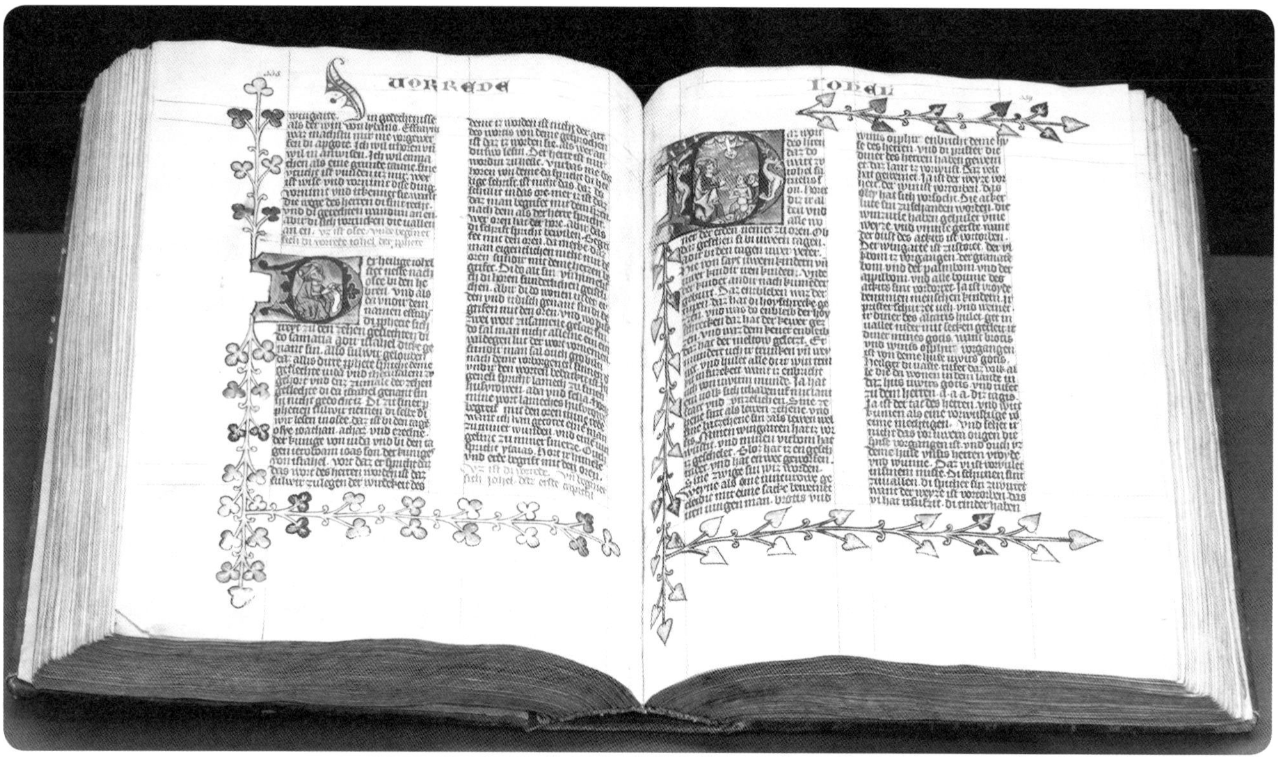

Eine alte, prächtig illustrierte Bibelausgabe

Die vielen Bücher der einen Bibel

Die Bibel besteht zunächst einmal aus zwei großen Teilen, dem Alten Testament und dem Neuen Testament.

Im **Alten Testament** wird in ganz verschiedenen Büchern und Textarten vom Glauben des Volkes Israel berichtet. Darunter finden sich Geschichten, Sagen, Gebote und Gebete. Vieles davon ist recht spannend, manches ist aber (besonders für junge Leser) nicht so interessant: beispielsweise ausführliche Gesetzesregelungen und Stammbäume. Für Bibelwissenschaftler können aber auch diese Texte sehr wichtig sein.

Das **Neue Testament** zeigt in den Evangelien, die das Leben und die Botschaft Jesu veranschaulichen, und in einigen Briefen, die an die ersten christlichen Gemeinden adressiert sind, wie Jesus den Glauben an Gott erneuert hat.

AUFGABEN

1. **Schaue dir das Inhaltsverzeichnis einer Bibel an. Überlege, ob es sinnvoll ist, die Bibel als eine „Bibliothek“ zu bezeichnen. Was spricht deiner Meinung nach dafür, was dagegen?**
2. **Arbeitet zu zweit: Zeichnet ein Bücherregal mit allen biblischen Büchern. Orientiert euch dafür am Inhaltsverzeichnis der Bibel.**

© Verlag an der Ruhr | Autor: Ulrich Bracht | ISBN 978-3-8346-2928-9 | www.verlagruhr.de

Das Alte Testament – die hebräische Bibel

Auch Jesus las in einer Bibel. Es ist die Heilige Schrift seiner Religion: die **Bibel des Judentums.** Nach seinem Tod übernahmen seine Anhänger, die ersten Christen, die selbst alle aus dem jüdischen Volk stammten, diese Schrift. Sie wird von den Christen das **Alte Testament** genannt. So kommt es, dass die Christen und die Juden eine **gemeinsame Heilige Schrift** haben. Es ist der erste und bei Weitem größte Teil der christlichen Bibel. Die Juden nennen diese Heilige Schrift natürlich nicht Altes Testament, sondern für sie ist sie die „jüdische Bibel". Sie wird auch „hebräische Bibel" genannt, weil sie ursprünglich in hebräischer Sprache, der Sprache der Juden, verfasst wurde.

Zu Beginn des Alten Testaments (in der Genesis) erfährt Abraham von Gott, dass er trotz seines Alters noch einen Sohn bekommen wird.

Die Bücher des Alten Testaments

In den Büchern des Alten Testaments wird darüber berichtet, welche Erfahrungen das Volk Israel mit Gott gemacht hat. Die Menschen fühlten sich von Gott begleitet und hielten dies in Erzählungen, wie z. B. der von dem Auszug aus Ägypten (Buch Exodus), fest.

Das Alte Testament ist in **vier Gruppen** von Texten eingeteilt:

Die Fünf Bücher Mose
Erzählungen von der Erschaffung der Welt, von den Urvätern und -müttern Israels sowie von Moses und dem Auszug aus Ägypten, vom Bund Gottes mit Israel, den Zehn Geboten, außerdem Regeln für die jüdische Religion und das Gemeinschaftsleben

Die Bücher der Geschichte Israels
von der Besiedlung Palästinas bis kurz vor der Geburt Jesu

Die Weisheitsdichtungen und Psalmen
Gebete und Lebensweisheiten

Die Propheten
zeigen Fehlentwicklungen auf, spenden aber auch Trost und Hoffnung

AUFGABEN

1. **Suche in einer Bibel nach einem Abkürzungsverzeichnis für die Bücher des Alten Testaments und erkläre, was „Gen 1,1–2,2", „Ex 31,1–15", „Jes 43,1–27" bedeuten.**
2. **Arbeitet zu zweit:**
   a) Tauscht euch über eure Ergebnisse aus Aufgabe 1 aus.
   b) Überlegt anschließend gemeinsam, warum es sinnvoll sein könnte, mit solchen Abkürzungen zu arbeiten.

Das Alte Testament – die hebräische Bibel 1/2

Auch Jesus las in einer Bibel. Es ist die Heilige Schrift seiner Religion: **die Bibel des Judentums.** Nach seinem Tod übernahmen seine Anhänger, die ersten Christen, die selbst alle aus dem jüdischen Volk stammten, diese Schrift. Sie wird von den Christen das **Alte Testament** genannt. So kommt es, dass die Christen und die Juden eine **gemeinsame Heilige Schrift** haben. Es ist der erste und bei weitem größte Teil der christlichen Bibel. Die Juden nennen diese **Heilige Schrift** natürlich nicht Altes Testament, sondern für sie ist sie die „jüdische Bibel". Sie wird auch „hebräische Bibel" genannt, weil sie ursprünglich in hebräischer Sprache, der Sprache der Juden, verfasst wurde.

Zu Beginn des Alten Testaments (in der Genesis) erfährt Abraham von Gott, dass er trotz seines Alters noch einen Sohn bekommen wird.

INFO

Testament: Das Wort kommt vom lateinischen „testamentum", das verwandt ist mit den Wörtern „testari" = Zeuge sein und „testis" = Zunge; es zeugt also im biblischen Kontext von den Worten Gottes.

Die Bücher des Alten Testaments

In den Büchern des Alten Testaments wird darüber berichtet, welche Erfahrungen das Volk Israel mit Gott gemacht hat.

Das Alte Testament ist in **vier Gruppen** von Texten eingeteilt:

Die Fünf Bücher Mose
In den Büchern Genesis, Exodus, Levitikus, Numeri und Deuteronomium sind die Erzählungen von der **Erschaffung der Welt,** von den Urvätern und -müttern Israels (Abraham und Sara, Isaak und Rebekka, Jakob, Rahel und Lea) [Genesis] sowie von Moses und dem Auszug aus Ägypten, vom Bund Gottes mit Israel, den Zehn Geboten [Exodus] zu finden. Außerdem finden sich viele Regeln für die jüdische Religion und das Gemeinschaftsleben [Levitikus, Numeri und Deuteronomium].

Die Bücher der Geschichte Israels
Hierzu gehören die Bücher Josua, Richter, Rut, 1. und 2. Samuel, 1. und 2. Könige, 1. und 2. Chronik, Esra und Nehemia, Tobit, Judit und Ester und 1. und 2. Makkabäer. Es sind (teilweise auch kriegerische) Erzählungen, die die **Geschichte Israels** von der Besiedlung Palästinas bis kurz vor der Geburt Jesu widerspiegeln.

Das Alte Testament – die hebräische Bibel 2/2

Die Weisheitsdichtungen und Psalmen
Gebete und Lebensweisheiten sind im Buch Ijob, in den Psalmen, im Buch der Sprichwörter, im Buch Kohelet, im Hohelied der Liebe, im Buch der Weisheit und im Buch Jesus Sirach nachzulesen.

Die Propheten
Schließlich runden die Bücher der Propheten das Alte Testament ab: Jesaja, Jeremia, Ezechiel, Daniel, Hosea, Joel, Amos, Obadja, Jona, Micha, Nahum, Habakuk, Zefania, Haggai, Sacharja und Maleachi. In diesen Büchern wird dargestellt, wie diese Propheten, die sich von Gott berufen fühlen, **Fehlentwicklungen** im Volk Israel aufzeigen, aber auch **Trost und Hoffnung** spenden.

INFO

Psalmen: Ein Psalm ist zunächst einmal ein religiöser Text, der in poetischer Form vorliegt. 150 Gebete, Gedichte und Lieder im Alten Testament werden Psalmen genannt und bilden dort ein eigenes Buch. Sie sind im Laufe mehrerer Jahrhunderte im ersten Jahrtausend vor Christus entstanden. Psalmen werden sowohl in jüdischen als auch in christlichen Gottesdiensten gebetet und gesungen und sind ein wichtiger Bestandteil dieser Gottesdienste.

AUFGABEN

1. **Suche in einer Bibel nach einem Abkürzungsverzeichnis für die Bücher des Alten Testaments und erkläre, was „Gen 1,1–2,2", „Ex 31,1–15", „Jes 43,1–27" bedeuten.**
2. **Arbeitet zu zweit:**
   a) Tauscht euch über eure Ergebnisse aus Aufgabe 1 aus.
   b) Überlegt anschließend gemeinsam, warum es sinnvoll sein könnte, mit solchen Abkürzungen zu arbeiten.
3. **Arbeitet in einer 3er-Gruppe: Lest arbeitsteilig die in Aufgabe 1 genannten Bibelstellen und gebt in jeweils zwei bis drei Sätzen den Inhalt wieder.**

Das Neue Testament

Die 27 Bücher des Neuen Testaments handeln vom **Leben und der Botschaft Jesu.** Um die zunächst mündlich weitergegebene Botschaft auch für spätere Generationen festzuhalten, begann man sie auch aufzuschreiben. Als Sprache wurde die damals im Mittelmeerraum weit verbreitete Sprache **Griechisch** verwendet. Erst im 4. Jahrhundert stand endgültig fest, welche Schriften zum Neuen Testament gehören sollten.

Das Neue Testament handelt vom Leben und der Botschaft Jesu Christi.

Die Bücher des Neuen Testaments

Folgende Schriften wurden als wichtig für den christlichen Glauben angesehen und in das Neue Testament aufgenommen:

- **Die vier Evangelien Matthäus, Markus, Lukas und Johannes:** Sie handeln vom Leben Jesu.
- **Die Apostelgeschichte:** In ihr wird von der Entstehung der ersten christlichen Gemeinden berichtet.
- **Die Briefe:** Es handelt sich um Briefe, die Verkündiger des Glaubens – z. B. Paulus – an die ersten christlichen Gemeinden schrieben, damit sie noch mehr vom christlichen Glauben verstehen.
- **Die Offenbarung des Johannes:** Hier wird in sehr bildhafter Sprache von Vorstellungen vom Ende der Welt geschrieben.

INFO

Testament: Das Wort kommt vom lateinischen „testamentum“, das verwandt ist mit den Wörtern „testari“ = Zeuge sein und „testis“ = Zunge; es zeugt also im biblischen Kontext von den Worten Gottes.

AUFGABEN

1. **Schlage in einer Bibel nach und schreibe die Namen und Abkürzungen der Bücher des Neuen Testaments aus dem Abkürzungsverzeichnis der Bibel heraus.**
2. **Findet euch anschließend in Kleingruppen von drei bis fünf Schülern zusammen: Übt gemeinsam und testet euch gegenseitig, indem ihr ein Ratespiel zu den Namen und Abkürzungen durchführt. Wer hat am meisten behalten?**

Das Neue Testament

Die 27 Bücher des Neuen Testaments handeln vom **Leben und der Botschaft Jesu.** Um die zunächst mündlich weitergegebene Botschaft auch für spätere Generationen festzuhalten, begann man sie auch aufzuschreiben. Als Sprache wurde die damals im Mittelmeerraum weit verbreitete Sprache **Griechisch** verwendet. Zunächst wurden die Schriften unabhängig voneinander in unterschiedlichen Gemeinden benutzt. Dann aber gab es verschiedene Versuche, sie in einer **Textsammlung** zu vereinigen. Erst im 4. Jahrhundert stand endgültig fest, welche Schriften zum Neuen Testament gehören sollten. Außer den Schriften, die wir aus dem Neuen Testament kennen, gab es noch eine Vielzahl anderer Bücher, die als nicht so wichtig für den christlichen Glauben angesehen wurden und deshalb nicht in die Sammlung der Schriften des Neuen Testaments aufgenommen wurden: z. B. weitere Evangelien, wie das Thomasevangelium oder das Evangelium der Maria.

Insgesamt spiegeln die Bücher des Neuen Testaments die **Bemühungen der ersten Christen** wider, die Bedeutung des Lebens und der **Botschaft Jesu richtig zu verstehen.**

Das Neue Testament handelt vom Leben und der Botschaft Jesu Christi.

Die Bücher des Neuen Testaments

Folgende Schriften wurden als wichtig für den christlichen Glauben angesehen und in das Neue Testament aufgenommen:

- **Die vier Evangelien von Matthäus, Markus, Lukas und Johannes:** Sie handeln vom Leben Jesu.
- **Die Apostelgeschichte:** In ihr wird von der Entstehung der ersten christlichen Gemeinden berichtet.
- **Die Briefe:** Es handelt sich um Briefe, die Verkündiger des Glaubens – z. B. Paulus – an die ersten christlichen Gemeinden schrieben, damit sie noch mehr vom christlichen Glauben verstehen.
- **Die Offenbarung des Johannes:** Hier wird in sehr bildhafter Sprache von Vorstellungen vom Ende der Welt geschrieben.

AUFGABEN

1. **Lies den Text genau und erläutere schriftlich, warum es mehrere Bücher im Neuen Testament gibt.**
2. **Schlage in einer Bibel nach und schreibe die Namen und Abkürzungen der Bücher des Neuen Testaments aus dem Abkürzungsverzeichnis der Bibel heraus.**
3. **Findet euch anschließend in Kleingruppen von drei bis fünf Schülern zusammen: Übt gemeinsam und testet euch gegenseitig, indem ihr ein Ratespiel zu den Namen und Abkürzungen durchführt. Wer hat am meisten behalten?**

Warum gibt es vier Evangelien?

Die ersten vier Schriften des Neuen Testaments sind die vier Evangelien von **Matthäus, Markus, Lukas** und **Johannes.** Sie alle handeln von den Taten und der Botschaft Jesu. Wenn man die Evangelien nebeneinanderlegt, merkt man, dass die ersten drei Evangelien sehr viele ähnliche Erzählungen beinhalten. Trotzdem weisen sie auch Unterschiede auf, und das Johannesevangelium ist ihnen gegenüber noch einmal deutlich anders. Wie kommt es zu diesen Unterschieden?

Die Entstehung der Evangelien des Markus, des Matthäus und des Lukas

Die Frage nach dem **Grund für die Unterschiede** stellen sich Bibelwissenschaftler schon seit mehreren hundert Jahren. Die meisten sind zu folgender Meinung gekommen:

- **Kurz nach dem Tod von Jesus** bildeten sich Gruppen von Jesusanhängern, die sogenannten ersten Gemeinden. Sie sammelten Erzählungen über und Worte von Jesus, um mehr über Jesus und seine Botschaft zu erfahren.
- Um **70 n. Chr.** nutzte **Markus** solche Sammlungen, um das **erste Evangelium** zu verfassen.
- **10 bis 20 Jahre später** überarbeiteten **Matthäus** und **Lukas** das Markusevangelium, indem sie die wichtigsten Erzählungen von Markus übernahmen und sie für die Gemeinden, zu denen sie Kontakt hatten, etwas veränderten. Zudem hatten sie wohl noch eine Sammlung von Worten und Reden Jesu, die sogenannte **Redequelle – kurz Q** –, die sie jeweils unterschiedlich in ihre Evangelien einarbeiteten. Darüber hinaus verwendete jeder dieser beiden Evangelisten noch Überlieferungen, die sie aus den Gemeinden, zu denen sie jeweils Kontakt hatten, erhalten hatten. Diese werden **Sondergut des Matthäus** und **Sondergut des Lukas** genannt.

Die Entstehung des Johannesevangeliums

- **Zwischen 90 und 100 n. Chr.** entstand das **Johannesevangelium**. Es berichtet natürlich auch vom Leben und der Botschaft Jesu. Es ist aber in vielem so unterschiedlich im Vergleich zu den drei anderen Evangelien, dass angenommen wird, dass es **unabhängig** von diesen entstanden ist.

INFO

Quelle: In der Wissenschaft wird unter „Quelle" ein Text, Bild o. Ä. verstanden, der/das für Forschungen herangezogen und ausgewertet werden kann. Es gibt beispielsweise literarische oder historische Quellen; sie sind tatsächlich vorhanden, überliefert und ermöglichen so verlässliche Aussagen.

AUFGABE

Lies den Text aufmerksam durch und beantworte folgende Fragen:

a) Welches ist das älteste Evangelium?
b) Wie ist es zu erklären, dass sowohl im Matthäus- wie im Lukasevangelium viele Erzählungen vorkommen, die auch im Markusevangelium enthalten sind?
c) Was ist die Redequelle Q?
d) Was versteht man unter „Sondergut des Matthäus" oder „Sondergut des Lukas"?

© Verlag an der Ruhr | Autor: Ulrich Bracht | ISBN 978-3-8346-2928-9 | www.verlagruhr.de

Warum gibt es vier Evangelien? 1/2

Die ersten vier Schriften des Neuen Testaments sind die vier Evangelien **von Matthäus, Markus, Lukas** und **Johannes.** Sie alle handeln von den Taten und der Botschaft Jesu. Wenn man die Evangelien nebeneinanderlegt, merkt man, dass die ersten drei Evangelien sehr viele ähnliche Erzählungen beinhalten. Trotzdem weisen sie auch Unterschiede auf, und das Johannesevangelium ist ihnen gegenüber noch einmal deutlich anders. Wie kommt es zu diesen Unterschieden?

Die Entstehung der Evangelien des Markus, des Matthäus und des Lukas

Die Frage nach dem **Grund für den Unterschied** der Evangelien stellen sich Bibelwissenschaftler schon seit mehreren hundert Jahren. Die meisten sind zu folgender Meinung gekommen, die in der Erforschung des Neuen Testaments **Zweiquellentheorie** genannt wird:

- **Kurz nach dem Tod von Jesus** bildeten sich Gruppen von Jesusanhängern, die sogenannten ersten Gemeinden. Sie sammelten Erzählungen über und Worte von Jesus, um mehr über Jesus und seine Botschaft zu erfahren.

- Um **70 n. Chr.** nutzte **Markus** solche Sammlungen, um das **erste Evangelium** zu verfassen.

- **10 bis 20 Jahre später** überarbeiteten **Matthäus** und **Lukas** das Markusevangelium, indem sie die wichtigsten Erzählungen von Markus übernahmen und sie für die Gemeinden, zu denen sie Kontakt hatten, etwas veränderten. Zudem hatten sie wohl noch eine Sammlung von Worten und Reden Jesu, die sogenannte **Redequelle – kurz Q** –, die sie jeweils unterschiedlich in ihre Evangelien einarbeiteten. Darüber hinaus verwendete jeder der beiden Evangelisten noch Überlieferungen, die sie aus den Gemeinden, zu denen sie jeweils Kontakt hatten, erhalten hatten. Diese werden **Sondergut des Matthäus** und **Sondergut des Lukas** genannt.

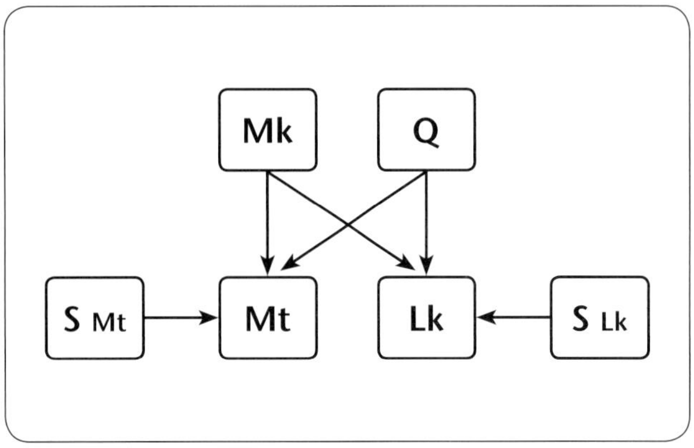

Die Zweiquellentheorie

INFO

Quelle: In der Wissenschaft wird unter „Quelle" ein Text, Bild o. Ä. verstanden, der/das für Forschungen herangezogen und ausgewertet werden kann. Es gibt beispielsweise literarische oder historische Quellen; sie sind tatsächlich vorhanden, überliefert und ermöglichen so verlässliche Aussagen.

Nach dem griechischen Wort Synopse, das übersetzt „Zusammenschau" bedeutet, werden diese drei Evangelien die **„synoptischen Evangelien"** genannt. Man kann sie gut nebeneinanderlegen und sie dann in einer Zusammenschau vergleichen.

Warum gibt es vier Evangelien? 2/2

Die Entstehung des Johannesevangeliums

Zwischen 90 und 100 n. Chr. entstand das **Johannesevangelium.** Es berichtet natürlich auch vom Leben und der Botschaft Jesu. Es ist aber in vielem so unterschiedlich im Vergleich zu den drei anderen Evangelien, dass angenommen wird, dass es unabhängig von diesen entstanden ist.

Der Zusammenhang der vier Evangelien

Während die ersten drei Evangelien vor allen Dingen den **Menschen Jesus** und seine Bedeutung für den Glauben erschließen, stellt das Johannesevangelium **Jesus Christus als das Wort Gottes** dar: Wer Jesus hört, hört Gott. Damit ergänzt das Johannesevangelium die Botschaft der drei ersten Evangelien. Alle vier Evangelien zusammen sind die Grundlage für den christlichen Glauben.

Die vier Evangelisten, dargestellt in einer Buchmalerei

AUFGABEN

1. **Lies den Text aufmerksam durch und erkläre anhand des Textes und der Abbildung auf der ersten Seite schriftlich die Zweiquellentheorie.**
2. **Arbeitet in Kleingruppen von drei bis fünf Schülern: Vergleicht eure Lösungen aus Aufgabe 1 und erklärt anschließend folgende Tatsachen anhand der Zweiquellentheorie:**
   a) Das Gleichnis Matthäus 25,14–30 findet sich außer im Matthäusevangelium auch in Lukas 19,12–27.
   b) Das Gleichnis Matthäus 13,24–30 findet sich nur im Matthäusevangelium.
   c) Die Erzählung Markus 4,35–41 findet sich auch in Matthäus 8,23–27 und Lukas 8,22–25.

   Lest dazu auch die angegebenen Bibelstellen und fasst die Inhalte für eure Lerngruppe zusammen.

© Verlag an der Ruhr | Autor: Ulrich Bracht | ISBN 978-3-8346-2928-9 | www.verlagruhr.de

Die Briefe des Neuen Testaments

Bei 21 von den 27 Schriften des Neuen Testaments handelt es sich um Briefe. Das ist ein großer Anteil dieses Teils der Bibel und es mag etwas überraschend sein, wenn man an heutige Briefe denkt und daran, dass Briefe sonst selten über einen so langen Zeitraum – fast 2000 Jahre! – aufbewahrt werden. Für die ersten Christen und für alle Christen bis heute sind diese Briefe aber für ihren Glauben so wichtig, dass sie ein Teil der Bibel wurden und deshalb bis heute aufbewahrt und gelesen werden.

Geschrieben wurden sie von **Paulus,** dem wahrscheinlich wichtigsten Verkündiger des christlichen Glaubens in den ersten Jahrzehnten nach Jesu Tod, und von anderen **frühchristlichen Glaubensverkündigern.** Sie erklärten Gemeinden und Personengruppen den christlichen Glauben und wie eine christliche Gemeinde leben soll.

Paulus

5 *Seid untereinander so gesinnt, wie es dem Leben in Christus Jesus entspricht:*

6 *Er war Gott gleich, hielt aber nicht daran fest, wie Gott zu sein,*

7 *sondern er entäußerte sich und wurde wie ein Sklave und den Menschen gleich. Sein Leben war das eines Menschen;*

8 *er erniedrigte sich und war gehorsam bis zum Tod, bis zum Tod am Kreuz.*

9 *Darum hat ihn Gott über alle erhöht und ihm den Namen verliehen, der größer ist als alle Namen,*

10 *damit alle im Himmel, auf der Erde und unter der Erde ihre Knie beugen vor dem Namen Jesu*

11 *und jeder Mund bekennt: „Jesus Christus ist der Herr“ – zur Ehre Gottes, des Vaters.*

(Philipper 2,5–11)

AUFGABEN

1. **Verschaffe dir im Inhaltsverzeichnis einer Bibel einen Überblick darüber, welche Briefe es im Neuen Testament gibt.**
2. **Lies auf der Schriftrolle den Ausschnitt aus dem Brief des Paulus an die Philipper und schreibe mit eigenen Worten auf, was hier über Jesus Christus gesagt wird.**
3. **Besprich dein Ergebnis aus Aufgabe 2 anschließend mit einem Partner und dann auch mit der ganzen Lerngruppe. Diskutiert dabei vor allem, was der erste Satz „Seid untereinander so gesinnt, wie es dem Leben in Christus Jesus entspricht“ bedeuten könnte.**

Die Briefe des Neuen Testaments

Bei 21 von den 27 Schriften des Neuen Testaments handelt es sich um Briefe. Das ist ein großer Anteil dieses Teils der Bibel und es mag etwas überraschend sein, wenn man an heutige Briefe denkt und daran, dass Briefe sonst selten über einen so langen Zeitraum – fast 200 Jahre! – aufbewahrt werden. Für die ersten Christen und für alle Christen bis heute sind diese Briefe aber für ihren Glauben so wichtig, dass sie ein Teil der Bibel wurden und deshalb bis heute aufbewahrt und gelesen werden.

Geschrieben wurden sie von **Paulus**, dem wahrscheinlich wichtigsten Verkündiger des christlichen Glaubens in den ersten Jahrzehnten nach Jesu Tod, und von anderen **frühchristlichen Glaubensverkündigern**.

Was wollen die Briefe vermitteln?

Die Briefe erklärten Gemeinden und anderen Personengruppen den christlichen Glauben und wie eine christliche Gemeinde leben soll. Sie erzählen nicht so anschaulich und genau vom Leben Jesu, wie es die Evangelien tun. Für sie ist es wichtig zu vermitteln, wie Christen in den Gemeinden und in der Gesellschaft leben sollen. Die Praxis des christlichen Glaubens ist ihnen also wichtig. Christen sollen untereinander und auch anderen Menschen gegenüber in ihrem Verhalten die Liebe Gottes zeigen.

Sehr wichtig ist auch die Darstellung der christlichen Hoffnung: Die Briefe erklären auf unterschiedliche Weise, dass der gekreuzigte Jesus Christus von Gott zur Auferstehung geführt wurde. Deshalb haben Christen auch im Glauben an Jesus Christus die Hoffnung auf ein Leben nach dem Tod.

5 *Seid untereinander so gesinnt, wie es dem Leben in Christus Jesus entspricht:*

6 *Er war Gott gleich, hielt aber nicht daran fest, wie Gott zu sein,*

7 *sondern er entäußerte sich und wurde wie ein Sklave und den Menschen gleich. Sein Leben war das eines Menschen;*

8 *er erniedrigte sich und war gehorsam bis zum Tod, bis zum Tod am Kreuz.*

9 *Darum hat ihn Gott über alle erhöht und ihm den Namen verliehen, der größer ist als alle Namen,*

10 *damit alle im Himmel, auf der Erde und unter der Erde ihre Knie beugen vor dem Namen Jesu*

11 *und jeder Mund bekennt: „Jesus Christus ist der Herr" – zur Ehre Gottes, des Vaters.*

(Philipper 2,5–11)

AUFGABEN

1. **Verschaffe dir im Inhaltsverzeichnis einer Bibel einen Überblick darüber, welche Briefe es im Neuen Testament gibt.**
2. **Lies auf der Schriftrolle den Ausschnitt aus dem Brief des Paulus an die Philipper und schreibe mit eigenen Worten auf, was hier über Jesus Christus gesagt wird.**
3. **Besprich dein Ergebnis aus Aufgabe 2 anschließend mit einem Partner. Diskutiert dabei vor allem, was der erste Satz „Seid untereinander so gesinnt, wie es dem Leben in Christus Jesus entspricht" bedeuten könnte.**
4. **Arbeitet in Kleingruppen von drei bis fünf Schülern und entwickelt ein Rollenspiel, in dem deutlich wird, was es heißt, untereinander so gesinnt zu sein, „wie es dem Leben in Christus Jesus entspricht". Stellt euer Rollenspiel euren Mitschülern vor.**

© Verlag an der Ruhr | Autor: Ulrich Bracht | ISBN 978-3-8346-2928-9 | www.verlagruhr.de

Die Offenbarung des Johannes 1/2

INFO

Dieses letzte Buch des Neuen Testaments und damit der ganzen Bibel ist völlig anders als die anderen Schriften des Neuen Testaments. In stark bildlicher Sprache spricht es vom Ende der Welt. Es wird deshalb auch als **Apokalypse** bezeichnet.

Apokalyptische Schriften

Das Wort „Apokalypse" stammt aus dem Griechischen und bedeutet **„Enthüllung"**. Apokalyptische Schriften machen Aussagen über die Zeit kurz vor dem Ende der Welt. Auslöser für ihre Entstehung sind Zeiten großer religiöser Not. Zur Zeit der Entstehung der Offenbarung des Johannes gab es eine **Christenverfolgung** unter dem römischen Kaiser Domitian (81–96 n. Chr.). Auch im Alten Testament gibt es apokalyptische Schriften. Ein Beispiel hierfür ist das Buch Daniel, das in einer Zeit der **Judenverfolgung** durch den syrischen König Antiochus IV. Epiphanes (175–164 v. Chr.) entstanden ist.

Das Jesusbild der Offenbarung des Johannes

Jesus wird in der Offenbarung in schwer zu interpretierenden Bildern dargestellt. Er ist nicht mehr der irdische Jesus, der Verkündiger und Prophet, sondern eine **Gestalt des Himmels.** Er wird mit den griechischen Buchstaben **Alpha,** dem ersten Buchstaben des griechischen Alphabets, und **Omega,** dem letzten Buchstaben des griechischen Alphabets, als „Anfang und Ende der Welt" bezeichnet. Die Endzeit der Welt wird eingeleitet, indem Jesus die sieben Siegel des Buchs öffnet, in dem der Wille Gottes, was mit der Welt geschehen soll, steht. Schließlich aber wird Jesus mit den Geretteten in einem neuen Jerusalem leben. Der Tod wird besiegt sein und Gott wird alle Tränen trocknen.

Offenbarung des heiligen Johannes

Die Offenbarung des Johannes 2/2

INFO

Gefahren der Auslegung

Wenn man die Offenbarung nicht als bildliche Darstellung für die Nöte der damaligen Christen und als Hoffnungsbotschaft, dass Gott alle Tränen trocknen wird, liest, sondern sie als eine Zukunftsprophezeiung und als Grundlage für die Berechnung, wann das Ende der Welt eintritt, interpretiert, kann das religiöse Denken in eine völlig **falsche Richtung** gelenkt werden. Dann kann es, wie z. B. bei den Zeugen Jehovas, dazu kommen, dass nach Anzeichen für das **baldige Ende der Welt** gesucht wird und dieses dann auch berechnet und vorhergesagt wird. Schon Jesus wehrte sich dagegen, dass berechnet werden könne, wann das Ende der Welt eintritt. So berichtet das Lukasevangelium von folgender Aussage: „Das Reich Gottes kommt nicht so, dass man es an äußeren Zeichen erkennen könnte. Man kann auch nicht sagen: Seht, hier ist es!, oder: Dort ist es! Denn: Das Reich Gottes ist (schon) mitten unter euch!" (Lukas 17,20–21)

Offenbarung 1,12–19

12 *Da wandte ich mich um, weil ich sehen wollte, wer zu mir sprach. Als ich mich umwandte, sah ich sieben goldene Leuchter*

13 *und mitten unter den Leuchtern einen, der wie ein Mensch aussah; er war bekleidet mit einem Gewand, das bis auf die Füße reichte, und um die Brust trug er einen Gürtel aus Gold.*

14 *Sein Haupt und seine Haare waren weiß wie weiße Wolle, leuchtend weiß wie Schnee, und seine Augen wie Feuerflammen;*

15 *seine Beine glänzten wie Golderz, das im Schmelzofen glüht, und seine Stimme war wie das Rauschen von Wassermassen.*

16 *In seiner Rechten hielt er sieben Sterne und aus seinem Mund kam ein scharfes, zweischneidiges Schwert und sein Gesicht leuchtete wie die machtvoll strahlende Sonne.*

17 *Als ich ihn sah, fiel ich wie tot vor seinen Füßen nieder. Er aber legte seine rechte Hand auf mich und sagte: Fürchte dich nicht! Ich bin der Erste und der Letzte*

18 *und der Lebendige. Ich war tot, doch nun lebe ich in alle Ewigkeit, und ich habe die Schlüssel zum Tod und zur Unterwelt.*

19 *Schreib auf, was du gesehen hast: was ist und was danach geschehen wird.*

AUFGABEN

1. **Betrachte das Bild auf der ersten Seite und beschreibe es so genau wie möglich. Notiere dir dazu Stichpunkte.**
2. **Arbeitet in Kleingruppen von drei bis fünf Schülern:**
   a) Stellt euch eure Beschreibungen aus Aufgabe 1 untereinander vor.
   b) Lest dann Offenbarung 1,12–19 und stellt Vergleiche mit dem Bild an, die ihr anschließend eurer Lerngruppe vorstellt.

Feste und Feiertage im Christentum

Passionszeit und Ostern 1/2

Das höchste Fest der Christen ist Ostern. Es wird immer im Frühling gefeiert. Um sich auf dieses Fest vorzubereiten, wird eine **40-tägige Fastenzeit** begangen, auch Passionszeit genannt.

Passionszeit

Diese Fastenzeit nutzen die Christen dazu, sich wieder bewusst zu machen, dass sie ihr Leben nach dem **Vorbild von Jesus** ausrichten sollen. Sie beginnt am **Aschermittwoch,** also direkt nach Karneval/Fasching, und endet am letzten Samstag vor dem Ostersonntag, dem sogenannten **Karsamstag.**
Zu den vierzig Tagen werden allerdings nicht die Sonntage hinzugezählt, weil an diesem wöchentlichen Feiertag der Christen nicht gefastet wird. In früheren Zeiten verzichteten die Gläubigen während der Passionszeit besonders auf Fleisch, aber auch auf Eier, Milch, Butter und Käse. Der Verzicht kann aber auch Alkohol und Süßigkeiten oder auch die Nutzung von bestimmten (Kommunikations-)Medien, wie z. B. Fernsehen oder WhatsApp, betreffen. Die Gläubigen versuchen, sich darauf zu besinnen, ein sinnvolles christliches **Leben ohne Abhängigkeiten** zu führen.

Der Höhepunkt der Passionszeit ist der **Karfreitag,** an dem die Christen sich an die Kreuzigung Jesu erinnern. Dieser Tag folgt dem **Gründonnerstag,** an dem die Christen an das letzte Abendmahl Jesu mit seinen Freunden zurückdenken.

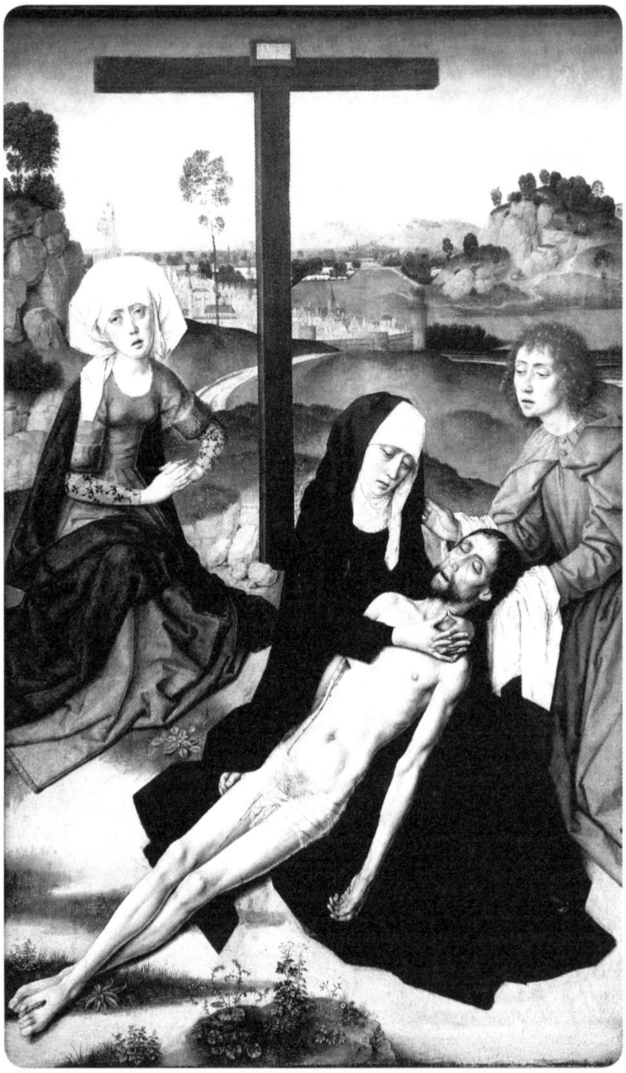

Jesu Anhänger und Vertraute beweinen nach der Kreuzigung den Leichnam.

INFO

Aschermittwoch: Er folgt auf das Feiern direkt nach dem Karnevalsdienstag. Mit ihm beginnt die Passions- bzw. Fastenzeit. Somit ist er also der Anfangstag der Fastenzeit. Die Menschen erinnern sich daran, dass sie nur ein begrenztes Leben haben und sterben müssen. Als Christen haben sie aber die Hoffnung auf die Auferstehung, auf ein Leben nach dem Tod. In der katholischen Kirche bekommen sie im Gottesdienst ein Aschenkreuz auf die Stirn gemalt, das sie an ihre Sterblichkeit und ihre Hoffnung auf Jesus Christus erinnern soll.

© Verlag an der Ruhr | Autor: Ulrich Bracht | ISBN 978-3-8346-2928-9 | www.verlagruhr.de

Passionszeit und Ostern 2/2

Ostern

An Ostern feiern die Christen die **Auferstehung Jesu Christi.** Sie glauben, dass Gott Jesus Christus nach seiner Kreuzigung nicht dem Tod überlassen habe, sondern dass seine Freundinnen und Freunde spürten und erlebten: Jesus lebt auf eine andere Weise weiter. Daraus schöpften sie nach der Trauer um seinen Tod die Kraft, seine Botschaft weiter zu verkünden.

Mit Ostern feiern die Christen damit das Wichtigste ihrer Religion. Die Erinnerung an die Auferstehung Jesu Christi ist der Grund für die Entstehung des Christentums. So ist nach christlicher Vorstellung nicht nur einmal im Jahr Ostern, sondern im Grunde an jedem Sonntag. Für Christen beginnt jeden Sonntag die neue Woche und mit diesem Neubeginn erinnern sie sich an die Auferstehung, die ja auch ein Neubeginn ist.

Mit der Feier der Osternacht, der Nacht zum ersten Ostertag, beginnt die **50-tägige österliche Zeit,** die mit der Feier des **Pfingstfestes** endet.

Auferstehung Jesu Christi

AUFGABEN

1. **Lies den Text genau durch und schreibe mit deinen eigenen Worten auf, was …**
   - Aschermittwoch,
   - die Passions-/Fastenzeit,
   - Gründonnerstag,
   - Karfreitag,
   - Ostern und
   - die österliche Zeit

   sind.
2. **Arbeitet in Kleingruppen von drei bis fünf Schülern: Vergleicht untereinander eure Ergebnisse aus Aufgabe 1 und korrigiert/ergänzt gegebenenfalls eure Notizen.**
3. **Bleibt in eurer Gruppe aus Aufgabe 2:**
   a) Beschreibt das Bild auf dieser Seite genau und haltet euer Ergebnis schriftlich fest.
   b) Lest dann aus dem Markusevangelium Kapitel 15 und 16. Welche Szene aus diesen Kapiteln hat der Maler gemalt?
   c) Besprecht schließlich den Inhalt des gesamten Kapitels. Eventuelle Fragen könnt ihr euch notieren, um sie später mit den anderen Gruppen zu klären.

Passionszeit und Ostern 1/2

Das höchste Fest der Christen ist Ostern, es wird immer im Frühling gefeiert wird. Um sich auf dieses Fest vorzubereiten, wird eine **40-tägige Fastenzeit** begangen, auch Passionszeit genannt.

INFO

Die **Zahl 40** kommt in vielen Bibelstellen vor. Jesus selbst zog sich zur Besinnung vierzig Tage in die Wüste zurück.

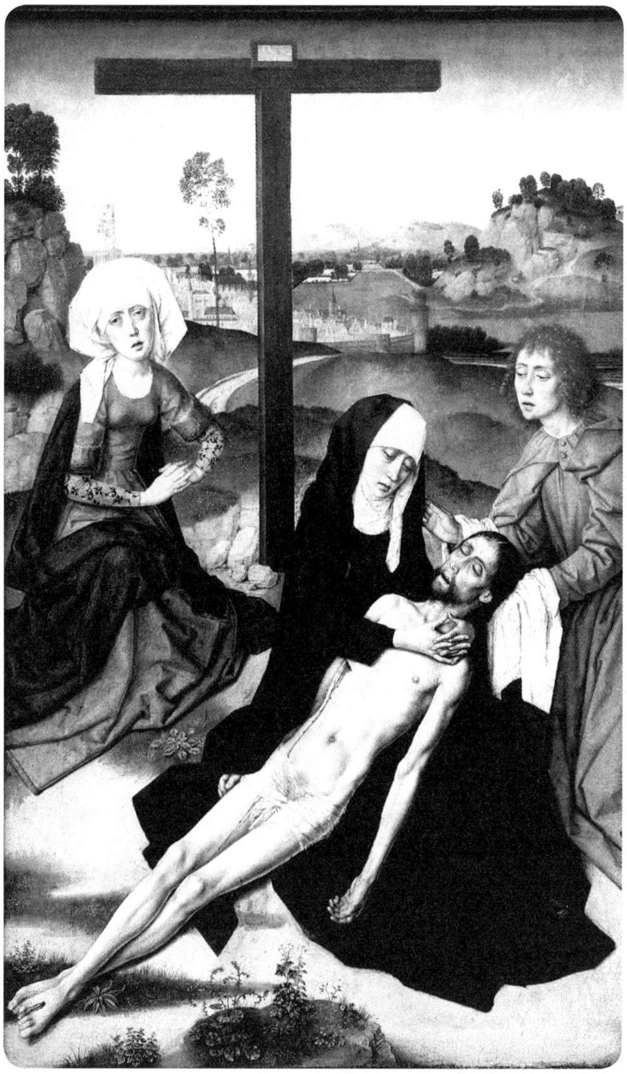

Jesu Anhänger und Vertraute beweinen nach der Kreuzigung den Leichnam.

Passionszeit

Diese Fastenzeit nutzen die Christen dazu, sich wieder bewusst zu machen, dass sie ihr Leben nach dem **Vorbild von Jesus** ausrichten sollen. Diese Zeit beginnt am **Aschermittwoch,** also direkt nach Karneval/Fasching, und endet am letzten Samstag vor dem Ostersonntag, dem sogenannten **Karsamstag.** Zu den vierzig Tagen werden allerdings nicht die Sonntage gezählt, denn an diesem wöchentlichen Feiertag der Christen wird nicht gefastet.

Die **Fastenzeit** hat eine lange kirchliche Tradition, sie ist schon seit dem 4. Jahrhundert bekannt. In dieser Zeit und auch noch in den folgenden Jahrhunderten gab es viele Menschen, die erst als Erwachsene zum christlichen Glauben fanden und auf die Taufe vorbereitet wurden. Es war üblich – manchmal wird es auch heute noch so gemacht –, dass sie in der Osternacht getauft wurden. So wurde die Fastenzeit als Vorbereitungszeit für sie genutzt.

Auch heute noch verzichten viele Gläubige in dieser Zeit besonders auf Fleisch, aber auch auf Eier, Milch, Butter und Käse. Der Verzicht kann aber auch Alkohol und Süßigkeiten oder auch die Nutzung von bestimmten (Kommunikations-)Medien, wie z. B. Fernsehen oder WhatsApp, betreffen. Die Gläubigen versuchen, sich darauf zu besinnen, ein sinnvolles christliches **Leben ohne Abhängigkeiten** zu führen.

Der Höhepunkt der Passionszeit ist der **Karfreitag,** an dem die Christen sich an die Kreuzigung Jesu erinnern. Dieser Tag folgt dem **Gründonnerstag,** an dem Christen des letzten Abendmahls Jesu mit seinen Freunden gedenken.

INFO

Aschermittwoch: Er folgt auf das Feiern direkt nach dem Karnevalsdienstag. Mit ihm beginnt die Passions- bzw. Fastenzeit. Somit ist er also der Anfangstag der Fastenzeit. Die Menschen erinnern sich daran, dass sie nur ein begrenztes Leben haben und sterben müssen. Als Christen haben sie aber die Hoffnung auf die Auferstehung, auf ein Leben nach dem Tod. In der katholischen Kirche bekommen sie im Gottesdienst ein Aschenkreuz auf die Stirn gemalt, das sie an ihre Sterblichkeit und ihre Hoffnung auf Jesus Christus erinnern soll.

© Verlag an der Ruhr | Autor: Ulrich Bracht | ISBN 978-3-8346-2928-9 | www.verlagruhr.de

Passionszeit und Ostern 2/2

Ostern

An Ostern feiern die Christen die **Auferstehung Jesu Christi.** Sie glauben, dass Gott Jesus Christus nach seiner Kreuzigung nicht dem Tod überlassen habe, sondern dass seine Freundinnen und Freunde spürten und erlebten: Jesus lebt auf eine andere Weise weiter. Daraus schöpften sie nach der Trauer um seinen Tod die Kraft, seine Botschaft weiter zu verkünden.

Mit Ostern feiern die Christen damit das Wichtigste ihrer Religion. Die Erinnerung an die Auferstehung Jesu Christi ist der Grund für die Entstehung des Christentums. So ist nach christlicher Vorstellung nicht nur einmal im Jahr Ostern, sondern im Grunde an jedem Sonntag. Für Christen beginnt jeden Sonntag die neue Woche und mit diesem Neubeginn erinnern sie sich an die Auferstehung, die ja auch ein Neubeginn ist.

Mit der Feier der Osternacht, der Nacht zum ersten Ostertag, beginnt die **50-tägige österliche Zeit,** die mit der Feier des **Pfingstfestes** endet.

Auferstehung Jesu Christi

AUFGABEN

1. **Fasse den Text mit eigenen Worten schriftlich zusammen und erkläre dabei die wichtigsten Begriffe.**
2. **Arbeitet in Kleingruppen von drei bis fünf Schülern: Vergleicht untereinander eure Ergebnisse aus Aufgabe 1 und korrigiert/ergänzt gegebenenfalls eure Notizen.**
3. **Bleibt in eurer Gruppe aus Aufgabe 2:**
   a) Beschreibt das Bild auf dieser Seite genau und haltet euer Ergebnis schriftlich fest.
   b) Lest dann aus dem Markusevangelium Kapitel 15 und 16. Welche Szene aus diesen Kapiteln hat der Maler gemalt?
   c) Besprecht schließlich den Inhalt des gesamten Kapitels. Eventuelle Fragen könnt ihr euch notieren, um sie später mit den anderen Gruppen zu klären.

Pfingsten

INFO

Zu Pfingsten feiern die Christen, dass Gott ihnen seinen Geist, den **Heiligen Geist,** geschickt hat, um ihnen zu helfen und sie zu stärken. Der Name ist von dem griechischen Wort für „50" abgeleitet. Der erste Pfingsttag ist der fünfzigste Tag nach Ostern.

Das Pfingstereignis

Im Neuen Testament, im zweiten Kapitel der Apostelgeschichte, wird berichtet, dass die Jünger Jesu, seine Freunde, nach seinem Tod und seiner Auferstehung zum **jüdischen Pfingstfest Schawuot** in Jerusalem zusammengekommen waren. Sie glaubten fest daran, dass Jesus auferstanden und zu Gott zurückgekehrt war. Dennoch trauten sie sich nicht, anderen von ihrem Glauben zu erzählen. Aber Jesus hatte ihnen versichert, dass der Heilige Geist sie unterstützen werde.
Als sie dann in einem Haus zusammensaßen, spürten sie, dass der Heilige Geist zu ihnen kam. Die **Apostelgeschichte** berichtet darüber in starken Bildern, da ein solches Empfinden nicht anders dargestellt werden kann: Es gab ein Brausen wie bei einem Sturm. Sie sahen Zungen wie aus Feuer und sie spürten die Kraft des Heiligen Geistes. Plötzlich sprachen sie in **unterschiedlichen Sprachen** und alle Menschen, die zu dem Haus kamen, konnten sie verstehen, egal welche Muttersprache sie hatten. Der Anführer der Jünger Jesu, Petrus, sprach dann zu den Menschen von Jesus und was er gelehrt hatte. Er konnte nun so eindrucksvoll sprechen, dass sich 3000 Menschen zum christlichen Glauben bekehrten und sich taufen ließen.

Der Geburtstag der Kirche

Das Pfingstereignis wird auch als der **Geburtstag der Kirche** bezeichnet. Dadurch, dass sich zunächst Petrus und dann auch die anderen Freunde Jesu trauten, von ihrem Glauben zu erzählen, wuchs die Anzahl der Menschen, die an Jesus Christus glaubten, rasch: die Kirche war geboren.

Darstellung der Ausgießung des Heiligen Geistes aus dem Jahre 1860

AUFGABEN

1. **Fasse den Text mit eigenen Worten zusammen.**
2. **Das neben stehende Bild ist eine von vielen Darstellungen des Pfingstereignisses, die es auf der Welt gibt. Entwirf ein eigenes Bild, das das Ereignis so zeigt, wie du es dir vorstellst!**
3. **Arbeitet in Kleingruppen von drei bis fünf Schülern: Stellt euch gegenseitig eure Bilder aus Aufgabe 2 vor und vergleicht sie mit dem Bild auf diesem Arbeitsblatt. Welche Unterschiede könnt ihr feststellen? Woran könnte es liegen, dass es überhaupt Unterschiede gibt?**

© Verlag an der Ruhr | Autor: Ulrich Bracht | ISBN 978-3-8346-2928-9 | www.verlagruhr.de

Weihnachten

INFO

An Weihnachten feiern die Christen die **Geburt Jesu.** Das Weihnachtsfest wird am 25. Dezember gefeiert. Die Feierlichkeiten beginnen allerdings schon am Vorabend, dem **Heiligen Abend.** In vielen Ländern kommt, wie in Deutschland, noch der zweite Weihnachtstag, der 26. Dezember, hinzu. Heute ist Weihnachten ein Familienfest für Christen und auch Nichtchristen, bei dem es üblich ist, sich gegenseitig zu beschenken.

Die Geburt in der Krippe

Die heute bekannteste Legende der **Geburt Jesu** stammt aus dem Lukasevangelium. Das Lukasevangelium erzählt davon, dass ein Engel Maria, der Mutter Jesu, verkündigte, dass sie ein Kind ohne Zutun eines Mannes bekäme, das „Sohn des Höchsten" (Gottes) genannt werde.

Darstellung der Geburt Jesu in einem mittelalterlichen Bild

Als Maria schon schwanger war, wanderte sie mit ihrem Verlobten Josef in das weit entfernt liegende Bethlehem, die Stadt, aus der Josefs Familie stammte. Es war nämlich eine Volkszählung befohlen worden und alle mussten in die Stadt gehen, aus der ihre Familie stammt. In Bethlehem angekommen, fanden sie aber keine Unterkunft. So mussten sie sich einen Stall suchen, um ein Dach über dem Kopf zu haben. Dort wurde Jesus dann geboren und statt in ein Kinderbett wurde das Baby in eine **Futterkrippe** gelegt.

INFO

Eine **Legende** ist ein mit einer Sage oder einem Märchen vergleichbarer Text. Wie in einem Märchen kommt es nicht darauf an, dass die Geschichte tatsächlich so passiert ist, sondern es ist wichtig, dass man daraus etwas lernen kann. Im Unterschied zum Märchen wird von wichtigen (religiösen) Personen erzählt, die meist tatsächlich gelebt haben.

Geburt in Armut

Für das Christentum ist es von großer Bedeutung, dass Jesus nicht als reicher Mensch oder sogar als Fürst oder König geboren wurde. Dass er selbst unter ärmlichen Bedingungen zur Welt kam, zeigt, dass er **auf der Seite der Armen** und Zukurzgekommenen steht.

AUFGABEN

1. **Lies Lukas 2,1–20 und vergleiche das Erzählte mit dem Bild auf dem Arbeitsblatt.**
2. **Wie würdest du selbst die Geburt Jesu malen? Versuche es und stelle dein Bild in der Klasse aus; schau dir dann die Bilder deiner Mitschüler an.**
3. **Berichtet euch gegenseitig, ob und wie bei euch zu Hause Weihnachten gefeiert wird. Was bedeutet euch dieses Fest?**

Das christliche Menschenbild

Christliche Vorbilder und Heilige

INFO

Viele Menschen haben Vorbilder. Vielleicht hast du ja selbst auch ein Vorbild? Oft sind das Stars wie Fußballspieler oder Musiker. Manchmal sind es auch alltägliche Menschen. Manche sagen auch: Meine Mutter (oder mein Vater) ist mein Vorbild. Es gibt auch christliche Vorbilder. Viele von ihnen werden in der katholischen und z. T. auch in der evangelischen Kirche als **Heilige** verehrt.

Was sind Heilige?

Menschen, die nach Ansicht der **katholischen Kirche** ein besonders vorbildliches christliches Leben geführt und Besonderes geleistet haben, werden vom Papst, dem Oberhaupt der katholischen Kirche, heiliggesprochen. Sie können von katholischen Christen in Gebeten darauf angesprochen werden, Gott darum zu bitten, ihnen zu helfen.

Auch **evangelische Christen** kennen Heilige. Sie beten aber trotzdem nur direkt zu Gott.

Bekannte Heilige

Sankt Martin und der heilige Nikolaus sind besonders bekannte Heilige. Darüber hinaus gibt es aber eine Vielzahl anderer Heiliger und bis heute werden Menschen in der katholischen Kirche heiliggesprochen.

Heilige und Vorbilder in den evangelischen Kirchen

Aus evangelischer Sicht kann jeder Christ „heilig" sein, wenn er ein vorbildliches christliches Leben führt. Auch evangelische Christen verehren beispielsweise den heiligen Martin oder den heiligen Nikolaus. Wichtig sind im evangelischen Glauben aber besonders auch Vorbilder wie z. B. Dietrich Bonhoeffer, ein christlicher Pfarrer der Bekennenden Kirche, der sich gegen die Nationalsozialisten und Hitler und gegen deren Judenverfolgung wehrte und dafür hingerichtet wurde.

Sankt Martin teilt seinen Mantel.

INFO

Bekennende Kirche: Zusammenschluss evangelischer Christen in der Zeit des Nationalsozialismus, die sich gegen Versuche einer staatlichen Kontrolle wandten, Kritik an der Regierung übten und daher verfolgt wurden.

AUFGABE

Arbeitet zu zweit:

a) Sucht euch im Internet Informationen über den heiligen Nikolaus oder den heiligen Martin sowie einen beliebigen anderen christlichen Heiligen heraus und notiert sie euch.

b) Stellt eurer Lerngruppe in einem kleinen Vortrag „eure" Heiligen vor.

© Verlag an der Ruhr | Autor: Ulrich Bracht | ISBN 978-3-8346-2928-9 | www.verlagruhr.de

Jesus Christus als der vollkommene Mensch

Häufig hört man Menschen sagen, jemand verhalte sich **christlich.** Gemeint ist damit, dass jemand sich um andere kümmert, liebevoll ist, mit anderen teilt usw. (auch wenn es natürlich „Christen" gibt, die sich selbst nicht so verhalten). Aber wie kommt es, dass diese positiven Verhaltensweisen, die sich natürlich auch in anderen Religionen finden lassen, bei uns als christlich bezeichnet werden?

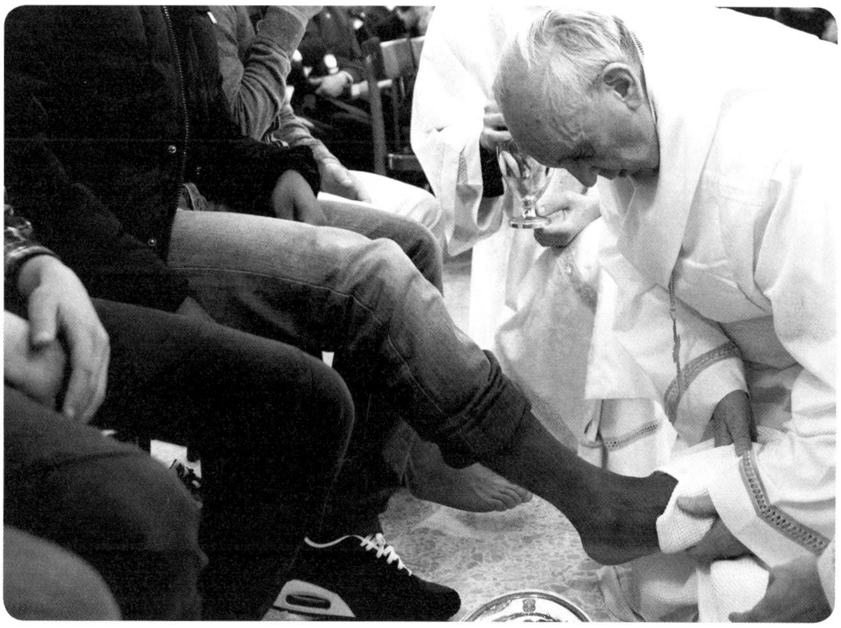

Papst Franziskus versucht, dem Beispiel Jesu zu folgen, indem er bei einem Besuch in einer Jugendstrafanstalt in Rom den jugendlichen Straftätern die Füße wäscht.

Jesu Leben und Botschaft als Vorbild

Im christlichen Glauben steht **Jesus Christus im Mittelpunkt.** Sein Verhalten sollte somit **vorbildlich** für alle Christen sein. Er zeigte, dass jeder sich um die Armen, die Kranken, aber auch besonders um diejenigen Menschen kümmern müsse, die sich schuldig fühlen. Da Jesu Leben genau das immer wieder vollkommen zeigte, wird klar, dass Jesus ein Mensch war, wie Gott ihn gewollt hat: Er ist nach dem Glauben der Christen der **vollkommene Mensch.**

Ihr sollt also vollkommen sein,
wie es auch euer himmlischer Vater ist.
(Matthäus 5,48)

AUFGABE

Arbeitet in Kleingruppen von drei bis fünf Schülern:

a) Überlegt gemeinsam, wo und wann es in unserem Alltag notwendig ist, sich um andere Menschen zu kümmern.

b) Besprecht eure Überlegungen mit eurer gesamten Lerngruppe.

Jesus Christus als der vollkommene Mensch

Häufig hört man Menschen sagen, jemand verhalte sich **christlich.** Gemeint ist damit, dass jemand sich um andere kümmert, liebevoll ist, mit anderen teilt usw. (auch wenn es natürlich „Christen" gibt, die sich selbst nicht so verhalten). Aber wie kommt es, dass diese positiven Verhaltensweisen, die sich natürlich auch in anderen Religionen finden lassen, bei uns als christlich bezeichnet werden?

Jesu Leben und Botschaft als Vorbild

Im christlichen Glauben steht Jesus **Christus im Mittelpunkt.** Sein Verhalten sollte somit vorbildlich für alle Christen sein. Er zeigte, dass jeder sich um die Armen, die Kranken, aber auch besonders um diejenigen Menschen kümmern müsse, die sich schuldig fühlen. Besonderes Augenmerk legte er dabei auf die Ausgegrenzten seiner Zeit. So ist es auffällig, wie häufig er sich nach dem Zeugnis der Evangelien für Frauen einsetzt, die in der damaligen Gesellschaft nur wenige Rechte besaßen. Gerade **Witwen, Ausländerinnen** und **Prostituierten,** die besonders entrechtet waren, galt seine Zuwendung. Aber auch Kriminelle sparte er nicht aus. Jesus wollte die bedingungslose Liebe und Zuwendung Gottes, den er den Vater nannte, auch mit seinen Taten verkünden.
Da sein Leben genau das immer wieder vollkommen zeigte, wird klar, dass Jesus ein Mensch war, wie Gott ihn gewollt hat: Er ist nach dem Glauben der Christen der **vollkommene Mensch.**

Ihr sollt also vollkommen sein,
wie es auch euer himmlischer Vater ist.
(Matthäus 5,48)

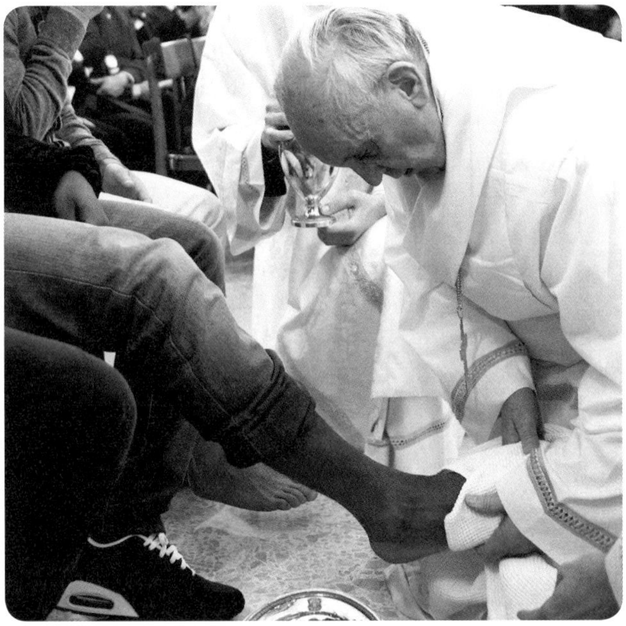

Papst Franziskus versucht, dem Beispiel Jesu zu folgen, indem er bei einem Besuch in einer Jugendstrafanstalt in Rom den jugendlichen Straftätern die Füße wäscht.

AUFGABEN

1. **Versuche unter Einbeziehung des Textes, folgende Sätze Jesu zu interpretieren:**
   - „Nicht die Gesunden brauchen den Arzt, sondern die Kranken. Ich bin gekommen, um die Sünder zu rufen, nicht die Gerechten." (Markus 2,17)
   - „Richtet nicht, damit ihr nicht gerichtet werdet! Denn wie ihr richtet, so werdet ihr gerichtet werden, und nach dem Maß, mit dem ihr messt und zuteilt, wird euch zugeteilt werden. Warum siehst du den Splitter im Auge deines Bruders, aber den Balken in deinem Auge bemerkst du nicht?" (Matthäus 7,1–3)
2. **Arbeitet in Kleingruppen von drei bis fünf Schülern: Stellt euch eure Arbeitsergebnisse aus Aufgabe 1 vor und besprecht sie. Entwickelt dann ein Rollenspiel, bei dem Jesus in einem Interview zu dem Sinn seiner Sätze (kritisch) befragt wird, und führt euer Rollenspiel euren Mitschülern vor.**

Maria, die Mutter Jesu

Nach dem Bericht des Neuen Testaments war Maria die Mutter Jesu. Sie wird im Christentum, besonders in der katholischen Kirche und in den orthodoxen Kirchen, als „**Mutter Gottes**" verehrt. Auch der Koran, die Heilige Schrift des Islam, beschreibt übrigens Maria als jungfräuliche Mutter Jesu.

Maria in den Evangelien

In den Evangelien wird insgesamt nicht viel über Maria berichtet. Am meisten finden wir noch im Lukasevangelium. Es erzählt, dass Maria als junge Verlobte Josefs vom Engel Gabriel angekündigt bekommt, sie würde schwanger mit einem Sohn – und das, ohne vorher mit einem Mann zusammengekommen zu sein. Dieser Sohn würde zudem der **Messias** werden. Sie stimmt dem demütig und Gott vertrauend zu. Gerade diese Haltung des **Gottvertrauens** ist ein wichtiger Grund für die Verehrung, die Maria bei vielen Christen genießt.

INFO

Messias: Das aus dem Hebräischen kommende Wort „Messias" wird im Griechischen mit „Christos" übersetzt. Bekannt ist uns die lateinische Form dieses Wortes: „Christus". Ins Deutsche übersetzt bedeutet es „der Gesalbte". In biblischen Zeiten wurden Könige und von Gott erwählte Menschen gesalbt. So ist der Messias der von Gott gesandte Retter. Für die Christen ist das Jesus. Deshalb nennen sie ihn Jesus Christus.

Berühmte Mariendarstellung aus dem 16. Jahrhundert: die „Sixtinische Madonna"

Maria, die Gottesmutter

Ein weiterer wichtiger Grund für die Marienverehrung ist, dass Maria nach der Lehre der Kirchen die Gottesmutter sei. Was heißt das? Da Jesus Christus gemeinsam mit dem Vater und dem Heiligen Geist als eine der drei unterschiedlichen Gestalten des einen Gottes angesehen wird, wird Maria als die Mutter Jesu auch für die Gottesmutter gehalten.

AUFGABE

Lies im Lukasevangelium die Verse 1,1 bis 2,20.

a) Schreibe die Stellen heraus, die etwas über Maria erzählen, und fasse sie mit eigenen Worten zusammen.

b) Suche dir einen Partner: Vergleicht eure Ergebnisse und ergänzt gegebenenfalls eure Notizen.

Maria, die Mutter Jesu 1/2

Nach dem Bericht des Neuen Testaments war Maria die Mutter Jesu. Sie wird im Christentum, besonders in der katholischen Kirche und in den orthodoxen Kirchen, als **„Mutter Gottes"** verehrt. Auch der Koran, die Heilige Schrift des Islam, beschreibt Maria als jungfräuliche Mutter Jesu.

Maria in den Evangelien

In den Evangelien wird insgesamt nicht viel über Maria berichtet. Am meisten finden wir noch im Lukasevangelium. Es erzählt, dass Maria als junge Verlobte Josefs vom Engel Gabriel angekündigt bekommt, sie würde schwanger mit einem Sohn – und das, ohne vorher mit einem Mann zusammengekommen zu sein. Dieser Sohn würde zudem der **Messias** werden. Sie stimmt dem demütig und Gott vertrauend zu. Gerade diese Haltung des **Gottvertrauens** ist ein wichtiger Grund für die Verehrung, die Maria bei vielen Christen genießt. In Lukas 1,42 sagt Marias ebenfalls schwangere Verwandte Elisabeth: „Gesegnet bist du mehr als andere Frauen, und gesegnet ist die Frucht deines Leibes. Wer bin ich, dass die Mutter meines Herrn zu mir kommt?" Maria antwortet mit einem Lobgesang: „Denn auf die Niedrigkeit seiner Magd hat er geschaut. Siehe, von nun an werden mich preisen alle Geschlechter" (Lukas 1,48).

INFO

Messias: Das aus dem Hebräischen kommende Wort „Messias" wird im Griechischen mit „Christos" übersetzt. Bekannt ist uns die lateinische Form dieses Wortes: „Christus". Ins Deutsche übersetzt bedeutet es „der Gesalbte". In biblischen Zeiten wurden Könige und von Gott erwählte Menschen gesalbt. So ist der Messias der von Gott gesandte Retter. Für die Christen ist das Jesus. Deshalb nennen sie ihn Jesus Christus.

Berühmte Mariendarstellung aus dem 16. Jahrhundert: die „Sixtinische Madonna"

Maria, die Gottesmutter

Neben dem Gottvertrauen Marias ist ein weiterer wichtiger Grund für ihre Verehrung die Tatsache, dass Maria nach der Lehre der Kirchen die **Gottesmutter** sei. Was heißt das? Da Jesus Christus gemeinsam mit dem Vater und dem Heiligen Geist als eine der drei unterschiedlichen Gestalten des einen Gottes angesehen wird, wird Maria als die Mutter Jesu auch als Gottesmutter angesehen.

Maria, die Mutter Jesu 2/2

Die weitere Entwicklung der Marienverehrung

Das Christentum fasste schließlich Fuß in überwiegenden Teilen Europas. Die Menschen hatten vorher verschiedene **Götter und Göttinnen** verehrt. Besonders im Mittelmeerraum und bei den Germanen ersetzte Maria bald die Göttinnen. Die germanischen Götter waren eher furchterregende Gestalten. Die männliche Gottesvorstellung des Christentums war deshalb für die Germanen auch eine angsteinflößende. Die Vorstellung einer gnädigen und immer hilfreichen Gottesmutter sorgte hier für Entlastung. Deshalb war das Christentum im Mittelalter auch sehr stark durch **Marienfrömmigkeit** geprägt.

Marienstatue in Österreich

Die Entwicklung der Marienfrömmigkeit bis heute

Nach dem Entstehen der evangelischen Kirchen mit der Reformation im 16. Jahrhundert wurde grundsätzlich jede Heiligenverehrung kritischer gesehen und damit natürlich auch die Verehrung Marias. Es entwickelte sich zudem immer stärker ein vernunftgeprägtes naturwissenschaftliches Weltbild. Dennoch scheint es immer noch eine Sehnsucht nach dem Unerklärlichen zu geben. Davon zeugen die vielen Berichte von **Marienerscheinungen**.

Marienverehrung und Widerstand

Im Nationalsozialismus gab es Tendenzen, Jesus als nichtjüdisch zu bezeichnen. Diese hatten aber eine klare Grenze darin, dass er in Maria eine jüdische Mutter hatte. Auch in Polen und Südamerika erinnerte man sich in Zeiten der Unterdrückung bis in die jüngste Vergangenheit daran, was in Lukas 1,51–53 erzählt wird. Dort sagt Maria von Gott: „Er vollbringt mit seinem Arm machtvolle Taten: Er zerstreut, die im Herzen voll Hochmut sind; er stürzt die Mächtigen vom Thron und erhöht die Niedrigen. Die Hungernden beschenkt er mit seinen Gaben und lässt die Reichen leer ausgehen."

AUFGABEN

1. **Fasse den Text abschnittsweise zusammen, indem du die einzelnen Aspekte der Marienverehrung stichwortartig herausarbeitest.**
2. **Arbeitet in Kleingruppen von drei bis fünf Schülern: Hört euch den Radiobeitrag auf der Internetseite www.br.de/radio/bayern2/wissen/radiowissen/religion/maria-gottesmutter-christentum100.html an und lest auch den kurzen, dazugehörigen Text.
Ergänzt die Informationen, die ihr in Aufgabe 1 schon erarbeitet habt, und stellt euer Ergebnis der gesamten Lerngruppe vor.**

Gelebtes Christentum

Wer an gelebtes Christentum denkt, dem fällt dazu vielleicht zunächst das Beten ein, der Gottesdienstbesuch und die Einhaltung der Feiertage, wie Weihnachten und Ostern. Das ist zwar wichtig und auch richtig, entscheidender ist aber etwas anderes.

Das Doppelgebot der Liebe

Nachdem Jesus gefragt wurde, was denn das wichtigste Gebot sei, antwortete er: „Das erste ist: Höre Israel, der Herr, unser Gott ist der einzige Herr. Darum sollst du den Herrn, deinen Gott, lieben mit ganzem Herz und ganzer Seele, mit all deinen Gedanken und all deiner Kraft. Als zweites kommt hinzu: Du sollst deinen Nächsten lieben wie dich selbst. Kein anderes Gebot ist größer als diese beiden." (Markus 12,29–31)

Da Jesus Jude war, führt er hier zwei auch im Judentum bekannte Gebote an. Neu ist aber, dass er sie auf eine Stufe stellt. Natürlich ist es wichtig, dass Juden oder Christen nur einen Gott verehren und lieben, aber genauso unterstreicht Jesus, dass man den **Menschen,** denen man begegnet, liebevoll und mit Respekt entgegentreten soll. Bemerkenswert ist auch, dass Jesus weiß, dass **nur derjenige jemanden lieben kann, der sich selbst liebt.** Seiner Meinung nach funktioniert dies nur, wenn man weiß, dass man von Gott, egal was man tut, geliebt wird. Das gilt für alle Menschen!

Schlussfolgerungen für ein christliches Leben

Als Christ sollte man wissen, dass **alle Menschen ohne Bedingung von Gott geliebt** werden. Daraus folgt, dass allen Mitmenschen respektvoll und liebevoll, mit Toleranz und Offenheit, begegnet werden sollte. Dass es Christen gibt, die selbst immer wieder dagegen verstoßen, ist zwar eine Tatsache. Aber zumindest sollten sie sich immer wieder an diese Forderung Jesu erinnern und versuchen, sie zu beherzigen.

Jesus kümmerte sich besonders auch um „Aussätzige" – dazu würde heutzutage z. B. diese leprakranke Familie gehören.

AUFGABEN

1. **Jesus hat gezeigt, was es heißt, seinen Nächsten zu lieben. Mache dir Notizen zu der Frage, wie jeder es schaffen kann, seinen Mitmenschen respektvoll zu begegnen.**
2. **Arbeitet in Kleingruppen von drei bis fünf Schülern: Stellt euch eure Notizen aus Aufgabe 1 vor und besprecht sie. Entwickelt dann ein Rollenspiel dazu. Verteilt die Rollen, übt das Rollenspiel ein und präsentiert es euren Mitschülern.**

Gelebtes Christentum 1/2

Wer an gelebtes Christentum denkt, dem fällt dazu vielleicht zunächst das Beten ein, der Gottesdienstbesuch und die Einhaltung der Feiertage, wie Weihnachten und Ostern. Das ist zwar wichtig und auch richtig, entscheidender ist aber etwas anderes.

Das Doppelgebot der Liebe

Nachdem Jesus gefragt wurde, was denn das wichtigste Gebot sei, antwortete er: „Das erste ist: Höre Israel, der Herr, unser Gott ist der einzige Herr. Darum sollst du den Herrn, deinen Gott, lieben mit ganzem Herz und ganzer Seele, mit all deinen Gedanken und all deiner Kraft. Als zweites kommt hinzu: Du sollst deinen Nächsten lieben wie dich selbst. Kein anderes Gebot ist größer als diese beiden." (Markus 12,29–31)

Da Jesus Jude war, führt er hier zwei auch im Judentum bekannte Gebote an. Neu ist aber, dass er sie auf eine Stufe stellt. Natürlich ist es wichtig, dass Juden oder Christen nur einen Gott verehren und lieben, aber genauso unterstreicht Jesus, dass man den **Menschen**, denen man begegnet, liebevoll und mit Respekt entgegentreten soll. Bemerkenswert ist auch, dass Jesus weiß, dass **nur derjenige jemanden lieben kann, der sich selbst liebt.** Seiner Meinung nach funktioniert dies nur, wenn man weiß, dass man von Gott, egal was man tut, geliebt wird. Das gilt für alle Menschen!

Feindesliebe

Jesus geht nach dem Bericht des Matthäusevangeliums im Vers 5,44 sogar so weit, zu sagen: „Liebt eure Feinde und betet für die, die euch verfolgen." Das ist zunächst einmal eine sehr seltsame Forderung. Wie soll ich jemanden lieben, mit dem ich verfeindet bin? Wer macht das schon? Ist das nicht völlig weltfremd? – Wenn man sich aber einmal auf dieses Denken einlässt, versteht man, dass es einfach darum geht, dass Jesus unter allen Umständen **Frieden stiften** möchte. Das funktioniert nicht, wenn man anderen Menschen feindlich begegnet. Der Kreislauf der Gewalt kann nur gestoppt werden, wenn man bereit ist, jeden zunächst als Menschen zu behandeln, der wertvoll und nach christlichem Glauben von Gott geliebt ist.

Jesus kümmerte sich besonders auch um „Aussätzige" – dazu würde heutzutage z. B. diese leprakranke Familie gehören.

Schlussfolgerungen für ein christliches Leben

Als Christ sollte man wissen, dass alle Menschen ohne Bedingung von Gott geliebt werden. Daraus folgt, dass allen Menschen respektvoll und liebevoll, mit Toleranz und Offenheit, auch mit **Friedensbereitschaft**, begegnet werden sollte. Dass dies sehr schwierig sein kann und auch Christen immer wieder dagegen verstoßen bzw. daran scheitern, ist zwar auch eine Tatsache. Aber zumindest sollten sie sich immer wieder an diese Forderung Jesu erinnern und versuchen, sie zu beherzigen.

Gelebtes Christentum 2/2

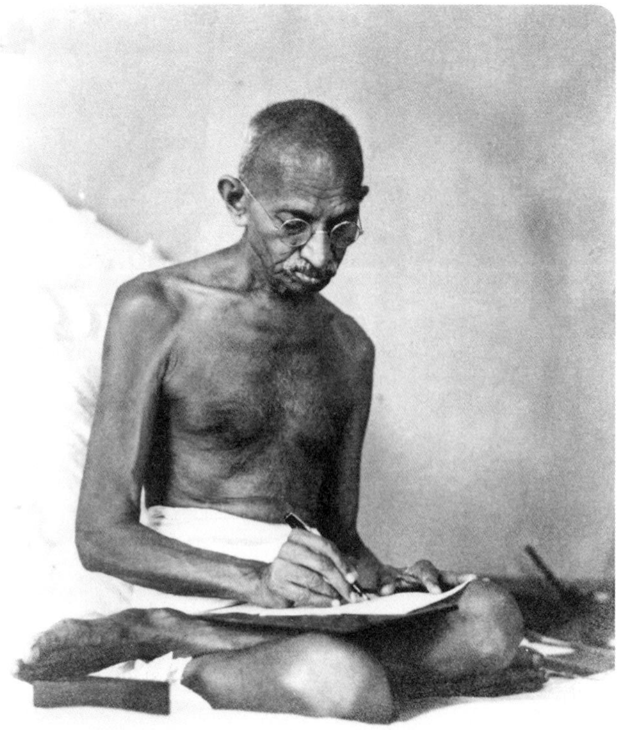

Mahatma Gandhi

» Ihr Christen habt in eurer Obhut ein Dokument mit genug Dynamit in sich, die gesamte Zivilisation in Stücke zu blasen, die Welt auf den Kopf zu stellen; dieser kriegszerrissenen Welt Frieden zu bringen. Aber ihr geht damit so um, als ob es bloß ein Stück guter Literatur ist, sonst weiter nichts. «

(Mahatma Gandhi)

Gandhi predigt gewaltfreien Widerstand, Gleichberechtigung und Menschenrechte für alle sowie Versöhnung zwischen den Religionen.

AUFGABE

Arbeitet in Kleingruppen von drei bis fünf Schülern: Sammelt Informationen zu Mahatma Gandhi, der zwar ein Hindu war, aber sagte, dass er nur deshalb kein Christ sei, weil die Christen sich nicht an das Denken Jesu hielten. Bereitet dazu ein kurzes Referat vor und haltet dies vor euren Mitschülern. Geht dabei auch auf das Zitat in der oben stehenden Sprechblase ein.

Jesus Christus – Mitte des christlichen Glaubens

Was können wir über Jesus wissen?

Wie hat Jesus ausgesehen? Hatte er ein Lieblingsessen? Was hat er als Kind gern gespielt? Bei all diesen Fragen müssen wir sagen: **Wir wissen es nicht!** Es gibt in kaum einer Schrift irgendeinen Hinweis auf das Privatleben von Jesus. Die wichtigsten Quellen, aus denen wir etwas über sein Leben erfahren, sind die vier Evangelien und andere neutestamentliche Schriften. Diese wollen uns etwas über die Botschaft Jesu vermitteln, nicht aber etwas über seinen Lebenslauf. Deshalb wissen wir darüber nur sehr wenig. Auch in nichtreligiösen Schriften der damaligen Zeit wird Jesus nur sehr selten erwähnt – immerhin können wir uns aufgrund dieser Schriften aber sicher sein, **dass Jesus gelebt hat.**

Jesus als guter Hirte (250 n. Chr.)

Jesus – ein faszinierender jüdischer Mann

Eines ist allerdings ganz sicher: Jesus war **Jude.** Er wuchs im damaligen Palästina auf und galt als Sohn einer jüdischen Bauhandwerkerfamilie. Wahrscheinlich ist, dass er zunächst selbst den Beruf des **Bauhandwerkers** ausgeübt hat. Ebenfalls ist sicher, dass er aus Nazareth in Galiläa stammte. Und: Für viele Menschen im damaligen Palästina muss dieser Mann, der aus einfachen Verhältnissen stammte, äußerst faszinierend gewesen sein.

Was war und ist das Faszinierende an seiner Botschaft?

Jesus verkündete einen Gott, der die Menschen ohne jede Vorbedingung liebt. Besonders deutlich wird das dort, wo er sich um die **Außenseiter** und **Rechtlosen** der damaligen Gesellschaft kümmert: um Menschen, die **schuldig** geworden sind, sowie um **Kranke** und um **Frauen,** die damals nur sehr wenige Rechte besaßen.

Was ist wichtig?

Wir wissen also nicht sehr viel über diesen Mann aus Nazareth. Aber wir kennen seine **Botschaft.** Diese fasziniert auch heute noch viele Menschen. Das Wichtigste also kennen wir.

AUFGABEN

1. **Lies den Text genau und fasse ihn kurz in drei oder vier Sätzen zusammen. Überlege dann: Warum meint der Text, dass es das Wichtigste sei, die Botschaft Jesu zu kennen?**
2. **Arbeitet in Kleingruppen von drei bis fünf Schülern: Stellt euch eure Ergebnisse aus Aufgabe 1 gegenseitig vor und besprecht sie.**
3. **Diskutiert in der gesamten Lerngruppe anschließend folgende Frage: Warum wird Jesus auf dem Bild als guter Hirte dargestellt?**

© Verlag an der Ruhr | Autor: Ulrich Bracht | ISBN 978-3-8346-2928-9 | www.verlagruhr.de

Was können wir über Jesus wissen?

Wie hat Jesus ausgesehen? Hatte er ein Lieblingsessen? Was hat er als Kind gern gespielt? Bei all diesen Fragen müssen wir sagen: **Wir wissen es nicht!** Es gibt in kaum einer Schrift irgendeinen Hinweis auf das Privatleben von Jesus. Die wichtigsten Quellen, aus denen wir etwas über sein Leben erfahren, sind die vier Evangelien und andere neutestamentliche Schriften. Diese wollen uns etwas über die Botschaft Jesu vermitteln, nicht aber etwas über seinen Lebenslauf. Deshalb wissen wir darüber nur sehr wenig. Auch in nichtreligiösen Schriften der damaligen Zeit wird Jesus nur sehr selten erwähnt – immerhin können wir uns aufgrund dieser Schriften aber sicher sein, **dass Jesus gelebt hat.**

Jesus als guter Hirte (250 n. Chr.)

Jesus – ein faszinierender jüdischer Mann

Eines ist allerdings ganz sicher: Jesus war **Jude.** Er wuchs im damaligen Palästina auf und galt als Sohn einer jüdischen Bauhandwerkerfamilie. Wahrscheinlich ist, dass er zunächst selbst den Beruf des **Bauhandwerkers** ausgeübt hat. Ebenfalls ist sicher, dass er aus Nazareth in Galiläa stammte. Über seine Kindheit und Jugend, ja, über die Jahre bis etwa zu seinem 30. Lebensjahr wissen wir fast nichts. Auch vermeintlich sicheres Wissen, wie das über seine Geburt in Bethlehem, kann trügen. Bethlehem ist die Stadt, aus der König David stammt, der größte König Israels aus alttestamentlicher Zeit. Mit ihren Erzählungen davon wollen die Evangelien nach Matthäus und nach Lukas – in den anderen beiden Evangelien fehlt diese Angabe des Geburtsorts – **eine religiöse Botschaft** vermitteln: Jesus ist der **neue König** von Israel, der aber auf Macht und Reichtum verzichtet. Er ist der Messias, der die Menschen retten will.
Auf jeden Fall muss dieser Mann im damaligen Palästina, der aus einfachen Verhältnissen stammte, für viele Menschen äußerst faszinierend gewesen sein.

Was war und ist das Faszinierende an seiner Botschaft?

Jesus verkündete einen Gott, der die Menschen ohne jede Vorbedingung liebt. Besonders deutlich wird das dort, wo er sich um die **Außenseiter** und **Rechtlosen** der damaligen Gesellschaft kümmert: um Menschen, die **schuldig** geworden sind, sowie um **Kranke** und um **Frauen**, die damals nur sehr wenige Rechte besaßen.

Was ist wichtig?

Wir wissen also nicht sehr viel über diesen Mann aus Nazareth. Aber wir kennen seine **Botschaft.** Diese fasziniert auch heute noch viele Menschen. Das Wichtigste also kennen wir.

AUFGABEN

1. **Überlege: Warum meint der Text, dass es das Wichtigste sei, die Botschaft Jesu zu kennen?**
2. **Betrachte das Bild und besprich dich mit einem Partner: Warum wird Jesus als guter Hirte dargestellt?**
3. **Arbeitet in Kleingruppen von drei bis fünf Schülern: Das Bild vom guten Hirten ist dadurch geprägt, dass damals viele Menschen in bäuerlicher Umgebung lebten. Sammelt in eurer Gruppe Vorschläge, wie man Jesus heute darstellen könnte.**

Zentrale Botschaft: die Verkündigung des Reiches Gottes

Wer Christen fragt, was eigentlich die zentrale Botschaft sei, die Jesus verkündet habe, bekommt unterschiedliche Antworten. Häufig genannt werden Nächstenliebe, Liebe zu Gott, Hoffnung auf ein Leben nach dem Tod und auch Gewaltlosigkeit. Das alles sind **Teile der richtigen Antwort,** denn alle diese Aspekte gehören zu dem, was Jesus tatsächlich als zentrale Botschaft verkündet hat: das Kommen des Reiches Gottes. Der Begriff **Reich Gottes,** wie Jesus ihn verstanden hat, beinhaltet alle genannten Glaubensinhalte, aber er bedeutet **noch mehr.**

Darstellung des Gleichnisses vom barmherzigen Samariter in einem Gemälde von Vincent van Gogh

Was lehrte Jesus über das Reich Gottes?

Das Reich Gottes, so könnte vermutet werden, ist das **Leben nach dem Tod** oder nach dem Ende der Welt. Das stimmt auch, denn dann sei, so sagt Jesus, das Reich Gottes vollkommen da. Er sagt aber auch, dass das Reich Gottes mit ihm, seiner Geburt, seinem Leben und Wirken, schon angefangen habe. Das heißt, dass das Reich Gottes mit Jesus und seiner Botschaft **schon begonnen** hat, **aber noch nicht vollendet** ist. Die Christen befinden sich sozusagen in einer „Zwischenlage". Immer wenn Menschen nach dem **Gebot der Nächstenliebe** leben, ist schon das **Reich Gottes spürbar.** Aber auch dazu ist die Hilfe, die Gnade Gottes, der nach dem Glauben der Christen das Reich Gottes vollenden wird, notwendig.

AUFGABEN

1. **Überlege dir, warum Christen glauben, dass das Reich Gottes schon spürbar und erfahrbar ist, wenn Menschen nach dem Gebot der Nächstenliebe handeln, und mache dazu Notizen.**

2. **Arbeitet in Kleingruppen von drei bis fünf Schülern: Stellt euch eure Ergebnisse aus Aufgabe 1 gegenseitig vor und besprecht sie. Überlegt euch dann ein Beispiel für Nächstenliebe und entwickelt dazu ein Standbild, das ihr eurer gesamten Lerngruppe präsentiert.**

© Verlag an der Ruhr | Autor: Ulrich Bracht | ISBN 978-3-8346-2928-9 | www.verlagruhr.de

Zentrale Botschaft: die Verkündigung des Reiches Gottes

Wer Christen fragt, was eigentlich die zentrale Botschaft sei, die Jesus verkündet habe, bekommt unterschiedliche Antworten. Häufig genannt werden Nächstenliebe, Liebe zu Gott, Hoffnung auf ein Leben nach dem Tod und auch Gewaltlosigkeit. Das alles sind **Teile der richtigen Antwort,** denn alle diese Aspekte gehören zu dem, was Jesus tatsächlich als zentrale Botschaft verkündet hat: das Kommen des Reiches Gottes. Der Begriff **Reich Gottes,** wie Jesus ihn verstanden hat, beinhaltet alle genannten Glaubensinhalte, aber er bedeutet **noch mehr.**

Darstellung des Gleichnisses vom barmherzigen Samariter in einem Gemälde von Vincent van Gogh

Was lehrte Jesus über das Reich Gottes?

Jesus lehrte, dass das Reich Gottes mit seiner Inkarnation, seiner Menschwerdung, **schon angefangen** habe, **aber noch nicht vollendet** sei: „Die Zeit ist erfüllt, das Reich Gottes ist nahe. Kehrt um, und glaubt an das Evangelium!" (Markus 1,15)
So verstanden ist das Reich Gottes ein Prozess, der zum vollendeten und endgültigen Reich Gottes führt. Die Christen befinden sich sozusagen in einer „Zwischenlage": Man spricht von einem „Schon" und „Noch-Nicht" des Reiches Gottes. Durch Gottes Gnade entsteht das Reich Gottes.

Immer wenn Menschen nach dem **Gebot der Nächstenliebe** leben, ist schon das **Reich Gottes spürbar,** was Jesus durch **Gleichnisse,** wie das des **barmherzigen Samariters,** veranschaulicht.
In diesem Gleichnis wird zudem noch etwas Skandalöses für die damaligen Zuhörer deutlich: Nicht die Frommen verhalten sich richtig, sondern der Samariter, der einer Volksgruppe angehörte, denen der wahre Glaube abgesprochen wurde.

AUFGABEN

1. **Überlege, warum Christen glauben, dass das Reich Gottes schon spürbar und erfahrbar ist, wenn Menschen nach dem Gebot der Nächstenliebe handeln. Warum glauben die Christen, dass dazu die Gnade Gottes notwendig ist?**

2. **Arbeitet in Kleingruppen von drei bis fünf Schülern: Stellt euch eure Ergebnisse aus Aufgabe 1 gegenseitig vor und besprecht sie. Stellt die Botschaft Jesu vom Gottesreich anschließend in einem Schaubild dar, das ihr den anderen Gruppen präsentiert.**

Gleichnisse Jesu

Um den Menschen seine Botschaft deutlich zu machen, benutzte Jesus oft Gleichnisse. Das sind Erzählungen, die zugleich **sprachliche Bilder** sind. So ist seine Botschaft vom Reich Gottes für die Menschen viel leichter zu verstehen. Jesus benutzte dazu Beispiele, die die Menschen seiner Zeit gut kannten. Das bekannteste Gleichnis ist sicher das vom barmherzigen Samariter; ein weiteres wichtiges ist das folgende Gleichnis vom Senfkorn.

Das Gleichnis vom Senfkorn
(Markus 4,30–32)

Um beispielsweise deutlich zu machen, was das Reich Gottes ist, verwendete Jesus hier das Bild eines **Senfkorns.** Die Menschen in Palästina zur Zeit Jesu lebten in einer von Landwirtschaft geprägten Umgebung und wussten genau, wie etwas wächst. Jesus sagte ihnen daher, dass es mit dem Reich Gottes sei wie mit einem Senfkorn: Ein Senfkorn ist unscheinbar und klein. Wird es aber in die Erde eingegraben, wächst daraus ein großer Senfstrauch. Noch ist also das Reich Gottes kaum zu sehen. Wenn man aber das Richtige tut, es nämlich **fruchtbar** werden lässt, dann kann daraus **etwas Großes entstehen.** Die richtigen „Zutaten", das Senfkorn und die fruchtbare Erde, liegen aber nicht in der Hand des Menschen, sondern in der Hand Gottes.

Die Rückkehr des verlorenen Sohns (Rembrandt, 1666–69)

Senfkörner

AUFGABEN

1. **Erkläre deinem Nachbarn mit eigenen Worten, was ein Gleichnis ist.**
2. **Arbeitet in Kleingruppen von drei bis fünf Schülern:**
   a) Lest das Gleichnis vom verlorenen Sohn (Lukas 15,11–32) und versucht herauszufinden, was Jesus damit über Gott sagen wollte.
   b) Beschreibt dann das oben stehende Bild des bekannten Malers Rembrandt zum Gleichnis vom verlorenen Sohn und beurteilt, ob es gut zu dem Gleichnis passt.

© Verlag an der Ruhr | Autor: Ulrich Bracht | ISBN 978-3-8346-2928-9 | www.verlagruhr.de

Gleichnisse Jesu

Um den Menschen seine Botschaft deutlich zu machen, benutzte Jesus oft Gleichnisse. Das sind Erzählungen, die zugleich **sprachliche Bilder** sind. So ist seine Botschaft vom Reich Gottes für die Menschen viel leichter zu verstehen. Jesus benutzte dazu Beispiele, die die Menschen seiner Zeit gut kannten. Es werden heute drei verschiedene Gleichnisformen unterschieden, die Jesus benutzt hat.

Die Rückkehr des verlorenen Sohns (Rembrandt, 1666–69)

Die Gleichnisformen

1. Gleichnis (im engeren Sinne)

Hier wird ein allgemein bekanntes Beispiel als sprachliches Bild benutzt, um die Botschaft zu verdeutlichen. Ein klassisches Gleichnis wäre das **Gleichnis vom verlorenen Schaf** (Lukas 15,4–7).

2. Parabel

Bei einer Parabel handelt es sich um eine erfundene Erzählung, bei der es einen Vergleichspunkt gibt. Beispielsweise lässt sich beim **Gleichnis vom verlorenen Sohn** (Lukas 15,11–32) der Vater gut mit Gott vergleichen. Ein weiteres Beispiel wäre das **Gleichnis von den Arbeitern im Weinberg** (Matthäus 20,1–16).

3. Beispielgeschichte

Den Zuhörern wird ein Beispiel in Form einer Erzählung gegeben, das sie nachahmen sollen. Die Beispielgeschichte vom **barmherzigen Samariter** (Lukas 10,25–37) ist eine solche Form.

AUFGABEN

1. **Erkläre mit eigenen Worten, was ein Gleichnis ist und welche Formen von Gleichnissen es gibt.**
2. **Arbeitet in Kleingruppen von drei bis fünf Schülern: Lest die im Text aufgeführten Gleichnisse in der Bibel nach und arbeitet heraus, warum sie zu der jeweiligen Gleichnisform gehören.**
   Stellt anschließend euer Ergebnis den anderen Gruppen vor. Zur Präsentation könnt ihr auch das Bild des Malers Rembrandt zum Gleichnis vom verlorenen Sohn benutzen.

Die Bergpredigt

Einer der wichtigsten Texte der gesamten Bibel ist die Bergpredigt (Matthäus 5–7). Sie beschreibt, was Jesus sich wünscht, wie Menschen sich verhalten sollen.

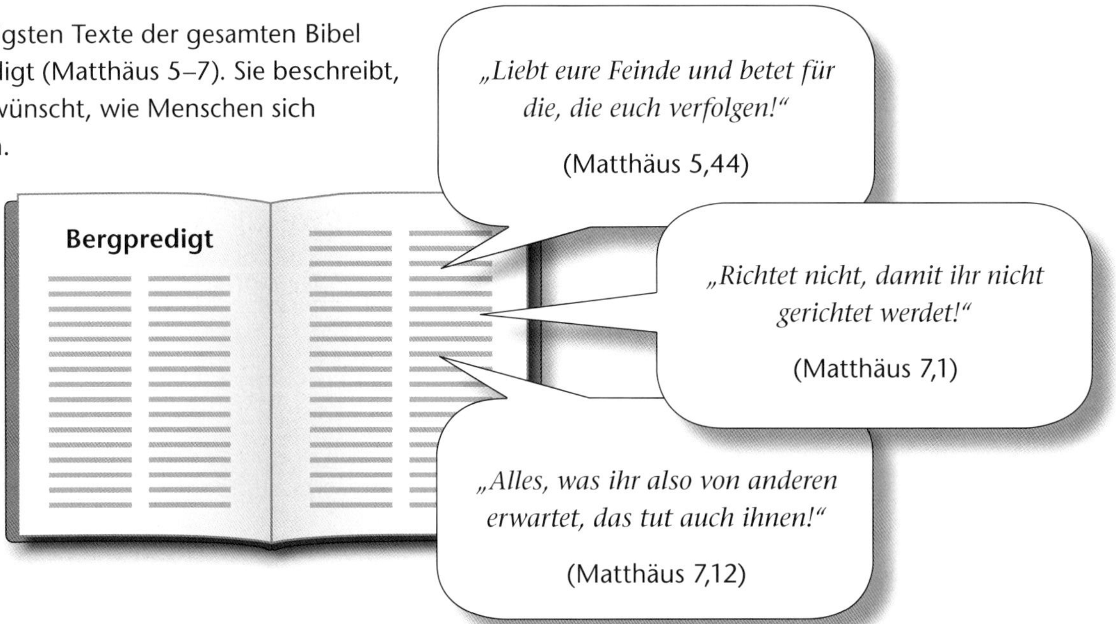

Der Inhalt der Bergpredigt

Der Text beginnt jedoch nicht mit Forderungen, sondern mit den sogenannten Seligpreisungen. Sie besagen, dass alle, die etwas tun, ohne dafür eine Belohnung zu erwarten, die ohne Schuld leiden und sich für eine friedliche Welt einsetzen, selig sind. Sie dürfen sich darauf freuen, von Gott eine Belohnung zu erhalten.

Dann sagt Jesus etwas über die Aufgabe der Christen in der Welt: Sie sollen das „Salz der Erde“ und das „Licht der Welt“ sein. Wie Salz das Essen genießbar macht und Licht einen Raum bewohnbar, so sollen Christen die Welt lebenswerter machen. Sie sollen z. B. nicht nur nicht töten, sondern auch nicht zornig sein oder andere beleidigen. Ein anderes Beispiel ist der Verzicht auf Wiedergutmachung, wenn einem Unrecht geschieht. Jesus fordert sogar, dass man seine Feinde lieben solle.

In der Mitte der Predigt lehrt Jesus das Vaterunser, das wichtigste Gebet aller Christen. Es spricht davon, dass man Gott wie einem Vater vertrauen solle. Gott, der Vater, soll vor Hunger schützen und die Schuld, die man auf sich geladen hat, verzeihen.

Schließlich fordert Jesus die Einhaltung der Goldenen Regel: „Behandelt die Menschen so, wie ihr selbst von ihnen behandelt werden wollt.“

Kritik an der Bergpredigt

Es gibt viele Stimmen, auch unter den Christen selbst, die meinen, dass die Befolgung der Regeln der Bergpredigt die Menschen überfordere. Wer kann schon seine Feinde lieben und vollkommen gewaltfrei leben? Andere aber betonen, dass jeder immer wieder aufs Neue versuchen solle, sich an die Bergpredigt zu halten. Selbst wenn man oft daran scheitere, könne die Welt dadurch besser werden.

AUFGABEN

1. **Lies den Text genau und markiere die Schlüsselwörter.**
2. **Arbeitet zu viert mit der Placemat-Methode: Schreibt eure Gedanken zu den drei Zitaten aus der Bergpredigt auf. Was hat Jesus damit wohl gemeint?**
   Präsentiert am Ende euer Gruppenergebnis den anderen Mitschülern und vergleicht es mit dem, was die anderen Gruppen erarbeitet haben.

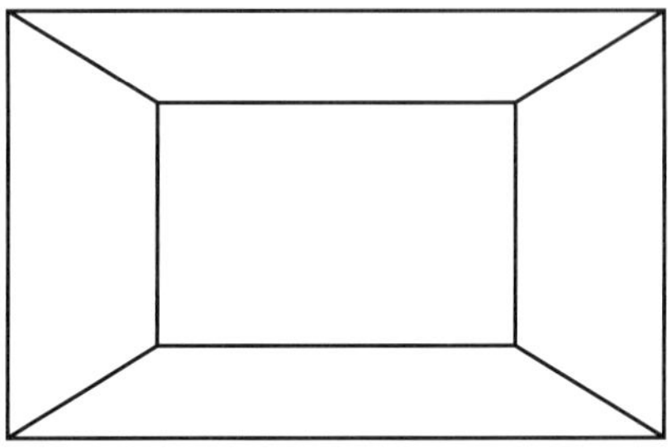

Die Bergpredigt 1/2

Fresko der „Bergpredigt“ aus dem 15. Jahrhundert

Einer der wichtigsten Texte der gesamten Bibel ist die Bergpredigt (Matthäus 5–7). Sie beschreibt, was Jesus sich wünscht, wie Menschen sich verhalten sollen. Der Text ist nach Meinung der Bibelwissenschaft eine Sammlung dessen, was Jesu an unterschiedlichen Orten verkündet hat.
Die Bergpredigt war also **kein geschichtliches Ereignis,** sondern mit ihr will der Evangelist Matthäus zusammenfassend zeigen, was Jesus gelehrt hat.
Dabei ist auch der Ort von einiger Bedeutung: Jesus wird auf einem Berg dargestellt, um deutlich zu machen, dass Jesus ein **neues Gesetz** verkündet. Matthäus erinnert damit an Moses, der auf dem Berg Sinai die Zehn Gebote empfing und sie von dort aus an das Volk Israel weitergab. Damit stellt er die Bergpredigt auf die gleiche Stufe wie die Zehn Gebote.

Der Inhalt der Bergpredigt

Der Text beginnt jedoch nicht mit Forderungen, sondern mit den sogenannten **Seligpreisungen.** Sie besagen, dass alle, die etwas tun, ohne dafür eine Belohnung zu erwarten, die ohne Schuld leiden und sich für eine friedliche Welt einsetzen, selig sind. Sie dürfen sich darauf freuen, von Gott eine Belohnung zu erhalten.
Dann sagt Jesus etwas über die **Aufgabe der Christen** in der Welt: Sie sollen das „Salz der Erde“ und das „Licht der Welt“ sein. Wie Salz das Essen genießbar macht und Licht einen Raum bewohnbar, so sollen Christen die Welt lebenswerter machen. Sie sollen z. B. nicht nur nicht töten, sondern auch nicht zornig sein oder andere beleidigen. Ein anderes Beispiel ist der Verzicht auf Wiedergutmachung, wenn einem Unrecht geschieht. Jesus fordert sogar, dass man seine **Feinde lieben** solle.
In der Mitte der Predigt lehrt Jesus das **Vaterunser**, das wichtigste Gebet aller Christen. Es spricht davon, dass man Gott wie einem Vater vertrauen solle. Gott, der Vater, soll vor Hunger schützen und die Schuld, die man auf sich geladen hat, verzeihen.
Schließlich fordert Jesus die Einhaltung der Goldenen Regel: „Alles, was ihr von anderen erwartet, das tut auch ihnen.“

Die Bergpredigt 2/2

Kritik an der Bergpredigt

Es gibt viele Stimmen, auch unter den Christen selbst, die meinen, dass die Befolgung der Regeln der Bergpredigt die Menschen überfordere. Wer kann schon seine Feinde lieben und vollkommen gewaltfrei leben? Andere aber sagen, dass jeder immer wieder versuchen solle, sich an die Bergpredigt zu halten. Selbst wenn man oft daran scheitere, könne die Welt dadurch besser werden. So sei die vollkommene Befolgung der Regeln eine **Utopie**, die zwar noch nicht verwirklicht sei, an der die Menschen aber ihr Handeln immer wieder ausrichten sollten und durch die sie religiöse Impulse bekommen könnten, um sich für eine **bessere Welt** einzusetzen.

INFO

Utopie: Das Wort bedeutet aus dem Griechischen übersetzt „Nicht-Ort". In einer Utopie wird eine ideale Gesellschaftsordnung entworfen, die es zwar nicht gibt (deshalb: Nicht-Ort, weil es keinen Ort gibt, an dem sie schon existierte), die aber als positiv und wünschenswert dargestellt wird. Umgangssprachlich wird Utopie oft für etwas verwendet, das sich nicht verwirklichen lässt. Das ist hier aber nicht gemeint.

Wichtige Textstellen aus der Bergpredigt

„Ihr habt gehört, dass gesagt worden ist: Du sollst deinen Nächsten lieben und deinen Feind hassen. Ich aber sage euch: Liebt eure Feinde und betet für die, die euch verfolgen." (Matthäus 5,43–44)

„Ihr habt gehört, dass zu den Alten gesagt worden ist: Du sollst nicht töten; wer aber jemand tötet, soll dem Gericht verfallen sein. Ich aber sage euch: Jeder, der seinem Bruder auch nur zürnt, soll dem Gericht verfallen sein; und wer zu seinem Bruder sagt: Du Dummkopf!, soll dem Spruch des Hohen Rates verfallen sein." (Matthäus 5,21–22)

„Richtet nicht, damit ihr nicht gerichtet werdet! Denn wie ihr richtet, so werdet ihr gerichtet werden, und nach dem Maß, mit dem ihr messt und zuteilt, wird euch zugeteilt werden." (Matthäus 7,1–2)

„Alles, was ihr also von anderen erwartet, das tut auch ihnen!" (Matthäus 7,12)

Christus predigt dem Volke

AUFGABEN

1. **Lies den Text genau und fasse schriftlich den Inhalt der Bergpredigt kurz zusammen.**
2. **Arbeitet zu viert mit der Placemat-Methode: Schreibt eure Gedanken zu den drei Zitaten aus der Bergpredigt auf. Was hat Jesus damit wohl gemeint? Präsentiert am Ende euer Gruppenergebnis den anderen Mitschülern und diskutiert eventuelle Unterschiede in dem, was die verschiedenen Gruppen erarbeitet haben.**

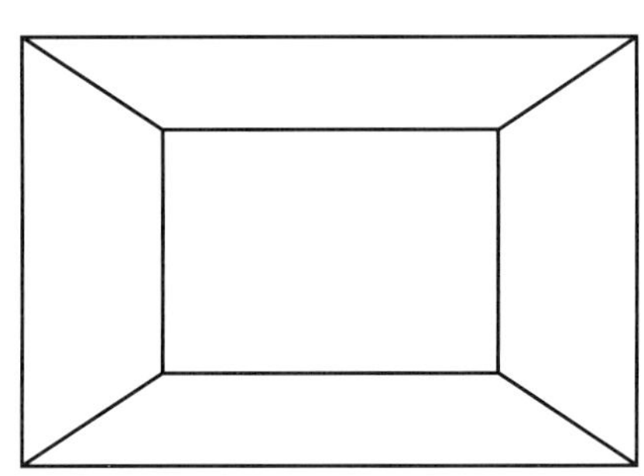

Wunder und Zeichen Jesu

Glaubst du an Wunder? Viele Menschen tun es heute nicht mehr. Von vielen wichtigen religiösen Figuren wird aber berichtet, dass sie Wunder bewirkt hätten. Besonders auch bei Jesus erzählen die Evangelien von verschiedenen Wundern. Sind das Märchen aus vergangener Zeit oder kann man das heutzutage glauben?

Auferweckung der Tochter des Jairus

Was ist überhaupt ein Wunder?

Moderne Menschen denken meist, dass ein Wunder etwas ist, das nach den Gesetzen der Physik oder Biologie **nicht möglich** ist. Niemand kann nach diesem Verständnis über Wasser laufen, wie es von Jesus erzählt wird (Matthäus 14,22–33). Das Wort „Wunder" wird heute trotzdem gar nicht so selten benutzt. Man spricht z. B. davon, dass jemand wie durch ein Wunder einen Unfall überlebt habe, glaubt aber tatsächlich nicht wirklich daran, dass es ein Wunder war.

Zur Zeit von Jesus dachten die Menschen anders über Wunder. Alles in der Welt hatte für sie mit Gott zu tun. Wenn seine Freunde sahen, was Jesus tat, war für sie **Gott am Werk.** Das war für sie ein Wunder.

Wunder als Zeichen

Heute ist man sich sicher, dass Jesus **geheilt** hat. Er muss so wohltuend auf Menschen gewirkt haben, dass sie in seiner Nähe ihre Krankheiten überwinden konnten. Besonders seelisch Kranke haben das wohl gespürt. So wurde über ihn gesagt, dass er Dämonen austreiben könne – damals glaubten die Menschen an böse Geister, die auch Dämonen genannt werden. Wenn ein Mensch seelisch krank war, dachten sie, dass er von Dämonen besessen sei. Jesus aber wollte vor allem eines zeigen: Gott ist euch nahe, wenn ich das tue. So war das, was die Menschen Wunder nannten, für Jesus ein Zeichen der **Nähe Gottes.** Auch mit anderen in den Evangelien geschilderten Wundern, z. B. dem schon erwähnten **Gang über den See** (Matthäus 14,22–33) und verschiedenen **Totenerweckungen** (Markus 5,21–43; Lukas 7,11–17; Johannes 11,1–44), wollen die Evangelisten, auch wenn diese Wunder so nie passiert sind, erzählen, wer Jesus für sie ist.

AUFGABEN

1. **Was ist deiner Meinung nach ein Wunder? Glaubst du an Wunder? Schreibe deine Gedanken dazu auf.**
2. **Arbeitet in Kleingruppen von drei bis fünf Schülern: Tauscht euch über eure Gedanken zu Aufgabe 1 aus. Schaut euch dann genauer an, was der Text darüber sagt, was ein Wunder ist – passt das zu euren eigenen Vorstellungen von Wundern?**
   Lest auch die im Text erwähnten Wundererzählungen aus den Evangelien in der Bibel nach, damit ihr wisst, wovon die Rede ist.

Wunder und Zeichen Jesu 1/2

Glaubst du an Wunder? Viele Menschen tun es heute nicht mehr. Von vielen wichtigen religiösen Figuren wird aber berichtet, dass sie Wunder bewirkt hätten. Besonders auch bei Jesus erzählen die Evangelien von verschiedenen Wundern. Sind das Märchen aus vergangener Zeit oder kann man das heutzutage glauben?

Auferweckung der Tochter des Jairus

Was ist überhaupt ein Wunder?

Moderne Menschen denken meist, dass ein Wunder etwas ist, das nach den Naturgesetzen **nicht möglich** ist. Niemand kann nach diesem Verständnis über Wasser laufen, wie es von Jesus erzählt wird (Matthäus 14,22–33). Das Wort „Wunder" wird heute trotzdem gar nicht so selten benutzt, es ist ein Begriff, der häufig von der Bedeutung her ungenau ist. Man spricht z. B. davon, dass jemand wie durch ein Wunder einen Unfall überlebt habe, glaubt aber tatsächlich nicht wirklich daran, dass es ein Wunder war.

Zur Zeit von Jesus dachten die Menschen anders über Wunder. Alles in der Welt hatte für sie mit Gott zu tun. Wenn seine Freunde sahen, was Jesus tat, war für sie Gott am Werk. Das war für sie ein Wunder. In ihrer Welt gab es die Vorstellung, dass ein Wunder etwas ist, das die Naturgesetze außer Kraft setzt.

Wunder als Zeichen

Heute ist man sich sicher, dass Jesus **geheilt** hat. Er muss so wohltuend auf Menschen gewirkt haben, dass sie in seiner Nähe ihre Krankheiten überwinden konnten. Besonders seelisch Kranke haben das wohl gespürt. So wurde über ihn gesagt, dass er Dämonen austreiben könnte – damals glaubten die Menschen an böse Geister, die auch Dämonen genannt werden. Wenn ein Mensch psychisch krank war, dachten sie, dass er von Dämonen besessen sei. Jesus aber wollte vor allem eines zeigen: Gott ist euch nahe, wenn ich das tue. So war das, was die Menschen Wunder nannten, für Jesus ein Zeichen der **Nähe Gottes.** Auch mit anderen in den Evangelien geschilderten Wundern, z. B. dem schon erwähnten **Gang über den See** (Matthäus 14,22–33) und **Totenerweckungen** (Markus 5,21–43; Lukas 7,11–17; Johannes 11,1–44), wollen die Evangelisten, auch wenn diese Wunder so nie passiert sind, erzählen, wer Jesus für sie ist.

 © Verlag an der Ruhr | Autor: Ulrich Bracht | ISBN 978-3-8346-2928-9 | www.verlagruhr.de

Wunder und Zeichen Jesu 2/2

Zeichen für die kommende Welt Gottes

Im Neuen Testament sagt Jesus:

> *„Wenn ich aber die Dämonen durch den Finger Gottes austreibe, dann ist doch das Reich Gottes schon zu euch gekommen."* (Lukas 11,20)

Deshalb glauben die Christen, dass mit Jesu Taten schon das **Reich Gottes** angebrochen ist. Wenn Jesus heilte, also Wunder vollbrachte, so glauben sie, konnte man bereits spüren, wie es ist, im Reich Gottes – das oft auch etwas ungenau als **Himmel** bezeichnet wird – zu leben.

Die Auferweckung des Jünglings zu Nain

Ein Himmel auf Erden?

Wenn von „Himmel" gesprochen wird, verbinden die meisten Menschen die Vorstellung damit, dass es sich um etwas handelt, das sich **jenseits unserer Welt** befindet, in das man nach dem Tod kommt. Jesus aber lehrte, dass das Reich Gottes **schon in diesem Leben,** mit seinen Worten und Taten, begonnen habe. Die Betonung liegt hierbei auf „begonnen". Denn wer Jesu heil machende Nähe spüre, spüre schon, wie es im Himmel ist. Das ist ein Auftrag an alle Christen: Sie sollen die Menschen spüren lassen, dass es gut ist, zu leben. Sie sollen sich also **fürsorglich** um andere Menschen kümmern, ihnen in Krankheit und Not beistehen, genauso, wie es Jesus getan hat.

Aber haben wir damit schon einen „Himmel auf Erden"? Jesus wusste genau, dass damit nicht alle Probleme gelöst sind. Es gibt weiterhin Krieg, Krankheit, Tod und Not in der Welt – weil wir Menschen es einfach nicht schaffen, uns immer so zu verhalten, dass andere sich wohl in unserer Nähe fühlen. Wir können auch Krankheit und Tod nicht besiegen. Deshalb hoffte Jesus, wie alle Christen es tun, dass **Gott** einmal **sein Reich vollenden** wird.

AUFGABEN

1. **Was ist deiner Meinung nach ein Wunder? Glaubst du an Wunder? Schreibe deine Gedanken dazu auf.**
2. **Arbeitet in Kleingruppen von drei bis fünf Schülern: Tauscht euch über eure Gedanken zu Aufgabe 1 aus. Schaut euch dann genauer an, was der Text darüber sagt, was ein Wunder ist – passt das zu euren eigenen Vorstellungen von Wundern?**
   Lest auch die im Text erwähnten Wundererzählungen aus den Evangelien in der Bibel nach, damit ihr wisst, wovon die Rede ist.
3. **Diskutiert innerhalb eurer Gruppe, was es heißt: Das Reich Gottes ist schon da und gleichzeitig ist es noch nicht da. Bezieht in eure Überlegungen auch mit ein, was ihr bereits über die Wunder Jesu gelernt habt. Diskutiert anschließend mit eurer gesamten Lerngruppe.**

Der Tod Jesu am Kreuz

Es ist, bei genauerem Nachdenken, schon seltsam: Ausgerechnet ein Folter- und Hinrichtungsinstrument ist das wichtigste Symbol des Christentums! Zur Zeit Jesu war **Kreuzigung** eine von den Römern häufig verwendete **Hinrichtungsmethode.** Sie war also nichts Außergewöhnliches. Für die Christen aber ist die Kreuzigung Jesu von besonderer Bedeutung. Warum ist das so?

Bild mit dem Titel „Kreuzigung Christi" vom Anfang des 16. Jahrhunderts

Warum wurde Jesus überhaupt hingerichtet?

Um herauszufinden, warum der Kreuzestod Jesu für Christen im Mittelpunkt ihres Glaubens steht und das Kreuz deshalb zum **wichtigsten Symbol** ihrer Religion wurde, muss man sich klar machen, warum Jesus überhaupt gekreuzigt wurde. Er muss sich mit den Mächtigen seines Landes so angelegt haben, sie so provoziert haben, dass sie ihn beseitigen wollten. Mit seiner Botschaft, dass nicht die Machthaber, die Herrschenden und die Reichen Gott wichtig sind, sondern die Armen und Ausgeschlossenen, gewann er viele Anhänger, und **die Mächtigen bekamen Angst,** ihre Macht zu verlieren. Um zu verhindern, dass immer mehr Menschen der Botschaft Jesu folgten, ließen sie ihn töten.

Die Mächtigen in Palästina zur Zeit Jesu

Wer aber waren diese Machthaber? Palästina war, wie viele Länder zu dieser Zeit, von den Römern besetzt. Die **Führer der Römer** hatten einfach Angst, dass das von ihnen unterdrückte Volk unruhig werden könnte, vielleicht sogar einen Aufstand machen würde. Um dies zu verhindern, kreuzigten sie Jesus. Mit ihnen arbeiteten auch manche religiösen Führer der Juden zusammen, die Angst hatten, ihren Einfluss auf das jüdische Volk zu verlieren.

Warum ist Jesus nicht einfach geflohen?

Jesus hätte seinen Tod verhindern können, wenn er sich in den Bergen versteckt und ruhig gehalten hätte. Er wollte aber, dass **alle seine Botschaft hören** konnten. Deshalb ging er nach Jerusalem, der Hauptstadt Palästinas, dahin, wo es für ihn am gefährlichsten war.

Und genau hierin liegt auch der Grund, warum das Kreuz das Symbol des Christentums geworden ist: Seine Botschaft war Jesus so wichtig, dass er **dafür sogar in den Tod** gegangen ist.

AUFGABEN

1. **Erkläre deinem Nachbarn mit eigenen Worten, warum das Kreuz zum wichtigsten Symbol des Christentums geworden ist.**
2. **Arbeitet in Kleingruppen von drei bis fünf Schülern: Tauscht euch über eure Gedanken zu Aufgabe 1 aus. Beschreibt dann in einem Schreibgespräch das oben stehende Bild.**

© Verlag an der Ruhr | Autor: Ulrich Bracht | ISBN 978-3-8346-2928-9 | www.verlagruhr.de

Der Tod Jesu am Kreuz 1/2

Es ist, bei genauerem Nachdenken, schon seltsam: Ausgerechnet ein Folter- und Hinrichtungsinstrument ist das wichtigste Symbol des Christentums! Zur Zeit Jesu war **Kreuzigung** eine von den Römern häufig verwendete **Hinrichtungsmethode.** Sie war also nichts Außergewöhnliches. Bei römischen Bürgern wurde diese Strafe allerdings nicht angewendet, sondern sie wurde zur Abschreckung nur für Angehörige der von Rom eroberten Länder benutzt – besonders um Aufstände zu vermeiden. Dabei wurden oft sehr viele, manchmal sogar hunderte Menschen gekreuzigt. Die Kreuzigung ist eine sehr brutale und langwierige Art der Tötung. Für die Christen aber ist die Kreuzigung Jesu von besonderer religiöser Bedeutung. Warum ist das so?

Bild mit dem Titel „Kreuzigung Christi" vom Anfang des 16. Jahrhunderts

Warum wurde Jesus überhaupt hingerichtet?

Um herauszufinden, warum der Kreuzestod Jesu für Christen im Mittelpunkt ihres Glaubens steht und das **Kreuz** deshalb zum **wichtigsten Symbol** ihrer Religion wurde, muss man sich klarmachen, warum Jesus überhaupt gekreuzigt wurde. Er muss sich mit den Mächtigen seines Landes so angelegt haben, sie so provoziert haben, dass sie ihn beseitigen wollten. Mit seiner Botschaft, dass nicht die Machthaber, die Herrschenden und die Reichen Gott wichtig sind, sondern die Armen und Ausgeschlossenen, gewann er viele Anhänger und **die Mächtigen bekamen Angst**, ihre Macht zu verlieren. Um zu verhindern, dass immer mehr Menschen der Botschaft Jesu folgten, ließen sie ihn töten.
So vergaßen dann auch viele die positive Wirkung, die Jesus auf sie gehabt hatte. Nur wenige, vielleicht 80 Anhänger blieben nach dem Tod des Mannes, auf den sie ihre ganze Hoffnung gesetzt hatten, trauernd zurück. Aber schon bald glaubten sie an die **Auferstehung Jesu Christi**, und in diesem Glauben fanden sie die Kraft, Jesu Botschaft weiter zu verkünden.

Die Mächtigen in Palästina zur Zeit Jesu

Wer aber waren die Machthaber, von denen eben gesprochen wurde? Palästina war, wie viele Länder zu dieser Zeit, von den Römern besetzt. Die **Führer der Römer** hatten einfach Angst, dass das von ihnen unterdrückte Volk unruhig werden könnte, vielleicht sogar einen Aufstand anzetteln würde. Um dies zu verhindern, kreuzigten sie Jesus. Mit ihnen arbeiteten auch manche religiösen Führer der Juden zusammen, die Angst hatten, ihren Einfluss auf das jüdische Volk zu verlieren.

Der Tod Jesu am Kreuz 2/2

Warum ist Jesus nicht einfach geflohen?

Jesus hätte seinen Tod verhindern können, wenn er sich in den Bergen versteckt und ruhig gehalten hätte. Er wollte aber, dass **alle seine Botschaft hören** konnten. Deshalb ging er nach Jerusalem, der Hauptstadt Palästinas, dahin, wo es für ihn am gefährlichsten war. Wahrscheinlich war Jesus bewusst, dass dieses Wagnis für ihn tödlich enden würde.
Und genau hierin liegt auch der Grund, warum das Kreuz das Symbol des Christentums geworden ist: Seine Botschaft war Jesus so wichtig, dass er **dafür sogar in den Tod** gegangen ist.

Manche fragen sich, ob das so schwierig für Jesus war, da er doch schließlich der Sohn Gottes gewesen sei. Aber nach dem christlichen Glauben war Jesus ein Mensch, der auch alle Ängste der Menschen selbst spüren konnte. Nach dem Zeugnis der Evangelien des Matthäus, des Markus und des Lukas muss Jesus in der Nacht vor seinem Tod schreckliche **Todesängste** ausgestanden haben (vgl. Matthäus 26,36–46; Markus 14,32–42 und Lukas 22,39–46). Es war wohl auch für ihn alles andere als einfach, in den Tod zu gehen.

Christus trägt sein Kreuz.

AUFGABEN

1. **Erkläre deinem Nachbarn mit eigenen Worten, warum das Kreuz zum wichtigsten Symbol des Christentums geworden ist.**
2. **Arbeitet in Kleingruppen von drei bis fünf Schülern: Tauscht euch über eure Gedanken zu Aufgabe 1 aus. Beschreibt dann in einem Schreibgespräch eines der beiden Bilder.**
3. **Manche Menschen tragen ein Kreuz lediglich als Schmuckstück, obwohl sie den christlichen Glauben eigentlich nicht teilen. Diskutiert innerhalb eurer Gruppe aus Aufgabe 2, ob ihr das für angemessen haltet, und begründet eure Meinung.
Besprecht dieses Thema anschließend mit eurer ganzen Lerngruppe.**

© Verlag an der Ruhr | Autor: Ulrich Bracht | ISBN 978-3-8346-2928-9 | www.verlagruhr.de

Auferstehung

Das alles Entscheidende, ohne das es kein Neues Testament und kein Christentum gäbe, ist der **Glaube** der Anhänger Jesu an die **Auferstehung Jesu Christi.** Hätten die letzten ihm verbliebenen Freunde kurz nach seinem Tod nicht die Überzeugung gewonnen, Jesus lebe auf eine andere Weise weiter, hätten sie wohl kaum die Kraft gefunden, seine Botschaft weiter zu verkünden.

Die Situation der Freunde Jesu nach dessen Tod

Die letzten Anhänger und Freunde Jesu (es werden kaum mehr als 80 gewesen sein) waren verzweifelt, als Jesus schließlich starb. Sie hatten alle Hoffnung auf diesen Mann und seine Botschaft gesetzt und jetzt war er wie ein Verbrecher hingerichtet worden und qualvoll gestorben. Für sie gab es **keine Zukunft** mehr, denn sie hatten **alles für Jesus aufgegeben.**

Die Auferstehung Christi auf dem berühmten Isenheimer Altar

Die Sache Jesu geht weiter

Doch schon bald waren sie der Überzeugung, Jesus sei nicht einfach tot, sondern Gott habe ihn auferweckt. Im Neuen Testament werden Zeugen genannt, die sagten, Jesus sei ihnen begegnet (z. B. Markus 16,9–20). Was immer damals geschehen ist, was immer die Freunde Jesu erlebt haben, eines ist sicher: Sie begannen kurz nach seinem Tod, die **Botschaft Jesu** weiter zu verkünden und fanden auch bald Anhänger: zunächst in Palästina, dann in griechischsprachigen Gebieten und sehr bald selbst in Rom. Einige machten sich auf Reisen und verbreiteten die Botschaft Jesu, sodass sich die Anzahl der Jesusanhänger schnell sehr stark vergrößerte.

Hoffnung auf Auferstehung für alle Menschen

Der Glaube an die Auferstehung Jesu Christi ist auch der Grund dafür, dass die Christen daran glauben, dass alle Menschen Hoffnung auf ein **Leben nach dem Tod** haben können. So sagt Paulus in seinem 1. Brief an die neu entstandene Gemeinde in Korinth im 15. Kapitel: „Wenn aber verkündigt wird, dass Christus von den Toten auferweckt worden ist, wie können dann einige von euch sagen: Eine Auferstehung der Toten gibt es nicht? Wenn es keine Auferstehung der Toten gibt, ist auch Christus nicht auferweckt worden. Ist aber Christus nicht auferweckt worden, dann ist unsere Verkündigung leer und euer Glaube sinnlos" (1. Korinther 15,12–14).

AUFGABE

Das neben stehende Bild ist keine realistische Darstellung, sondern will mit bildlichen Mitteln die Hoffnung der Christen verdeutlichen, dass der Tod mit der Auferstehung Christi überwunden ist.

- **a)** Beschreibe das Bild genau und beurteile, ob es eine gute Darstellung des im Text Gesagten ist.
- **b)** Tausche dich mit einem Partner über eure Gedanken zu Aufgabe a) aus.
- **c)** Diskutiert schließlich mit eurer ganzen Lerngruppe.

Auferstehung 1/3

Das alles Entscheidende, ohne das es kein Neues Testament und kein Christentum gäbe, ist der **Glaube** der Anhänger Jesu an die **Auferstehung Jesu Christi.** Hätten die letzten ihm verbliebenen Freunde kurz nach seinem Tod nicht die Überzeugung gewonnen, Jesus lebe auf eine andere Weise weiter, hätten sie wohl kaum die Kraft gefunden, seine Botschaft weiter zu verkünden.

Die Situation der Freunde Jesu nach dessen Tod

Die letzten Anhänger und Freunde Jesu (es werden kaum mehr als 80 gewesen sein) waren verzweifelt, als Jesus schließlich starb. Sie hatten alle Hoffnung auf diesen Mann und seine Botschaft gesetzt und jetzt war er wie ein Verbrecher hingerichtet worden und qualvoll gestorben. Für sie gab es **keine Zukunft** mehr, denn sie hatten **alles für Jesus aufgegeben.**

Die Sache Jesu geht weiter

Doch schon bald waren sie der Überzeugung, Jesus sei nicht einfach tot, sondern Gott habe ihn auferweckt. Im Neuen Testament werden Zeugen genannt, die sagten, Jesus sei ihnen begegnet (z. B. Markus 16,9–20). Was immer damals geschehen ist, was immer die Freunde Jesu erlebt haben, eines ist sicher: Sie begannen kurz nach Jesu Tod, die **Botschaft Jesu** weiter zu verkünden und fanden auch bald Anhänger: zunächst in Palästina, dann in griechischsprachigen Gebieten und sehr bald selbst in Rom. Einige machten sich auf Reisen und verbreiteten die Botschaft Jesu, sodass sich die Anzahl der Jesusanhänger schnell sehr stark vergrößerte.

INFO

Die neue Religion verbreitet sich

In der Apostelgeschichte des Neuen Testaments wird von den Anfängen des Christentums berichtet. Ein wichtiger Teil der Apostelgeschichte sind die drei Missionsreisen des Paulus, die ihn in griechischsprachige Gebiete führten. Die schnelle Verbreitung des jungen Christentums ist ohne die Verkündigung des Paulus nicht vorstellbar. Paulus machte das Christentum für Nichtjuden attraktiv, da er der Meinung war, dass Christen sich nicht an die jüdischen Speisevorschriften und an das Gebot der Beschneidung halten müssten.
Aus einer Gruppe innerhalb des Judentums wurde eine neue Religion. Diese neue Religion wuchs innerhalb von 20 bis 30 Jahren erheblich. Selbst im von Palästina aus gesehen fernen Rom gab es schon bald eine christliche Gemeinde.

Hoffnung auf Auferstehung für alle Menschen

Der Glaube an die Auferstehung Jesu Christi ist auch der Grund dafür, dass die Christen daran glauben, dass alle Menschen Hoffnung auf ein **Leben nach dem Tod** haben können. So sagt Paulus in seinem 1. Brief an die neu entstandene Gemeinde in Korinth im 15. Kapitel:

> *„Wenn aber verkündigt wird, dass Christus von den Toten auferweckt worden ist, wie können dann einige von euch sagen: Eine Auferstehung der Toten gibt es nicht?*
> *Wenn es keine Auferstehung der Toten gibt, ist auch Christus nicht auferweckt worden. Ist aber Christus nicht auferweckt worden, dann ist unsere Verkündigung leer und euer Glaube sinnlos.“*
>
> (1. Korinther 15,12–14)

 ISBN 978-3-8346-2928-9 | www.verlagruhr.de

Auferstehung 2/3

Der Schluss des Markusevangeliums

Im ältesten Evangelium, dem Markusevangelium, wird im Vergleich zu den anderen Evangelien am kürzesten von der Auferstehung erzählt. Die anderen Evangelisten kannten wohl noch weitere Überlieferungen, die sie in ihre Erzählungen einbezogen. Interessant aber ist vor allem, dass dieses Evangelium ursprünglich mit der Zeile 16,8 endete. (Den ganzen Text der Auferstehungserzählung des Markus findest du auf der nächsten Seite.)

Wie auch im Matthäus- und im Lukasevangelium sind die **ersten Zeugen der Auferstehung Frauen.** Dies zeigt, wie wichtig Frauen unter den Anhängern Jesu waren, und ist deshalb erwähnenswert, weil Frauen in der damaligen Gesellschaft nur eine untergeordnete Rolle spielten. Diese Frauen reagieren nun so, wie es nur natürlich ist. Für sie war etwas völlig Unerwartetes eingetreten: Sie sollten glauben, dass Jesus von den Toten auferstanden ist. Das verwirrte und erschreckte sie, deshalb flohen sie voller **Furcht.**

Die Verse 9–20 wurden erst im 2. Jahrhundert hinzugefügt, weil der ursprüngliche Schluss nicht mehr als ausreichend angesehen wurde. In diesen Versen findet sich eine **Zusammenfassung** aus den anderen Evangelien.

Die Auferstehung Christi auf dem berühmten Isenheimer Altar

AUFGABEN

1. **Das neben stehende Bild ist keine realistische Darstellung, sondern will mit bildlichen Mitteln die Hoffnung der Christen verdeutlichen, dass der Tod mit der Auferstehung Christi überwunden ist.**
   a) Beschreibe das Bild genau und beurteile, ob es eine gute Darstellung des im Text Gesagten ist.
   b) Tausche dich mit einem Partner über eure Gedanken zu Aufgabe a) aus.
2. **Bildet Kleingruppen von drei bis fünf Schülern: Lest die Auferstehungserzählung des Markus auf der dritten Seite und überlegt gemeinsam, was in den Frauen vorgegangen sein mag, als sie von dem Grab flohen.**
3. **Entwickelt ein Rollenspiel, in dem die Frauen von ihren Ängsten sprechen. Führt das Rollenspiel der gesamten Lerngruppe vor. Als Einleitung solltet ihr referieren, was ihr über den Schluss des Markusevangeliums erfahren habt.**

Auferstehung 3/3

Jesu Auferstehung (Markus 16)

[1] Als der Sabbat vorüber war, kauften Maria aus Magdala, Maria, die Mutter des Jakobus, und Salome wohlriechende Öle, um damit zum Grab zu gehen und Jesus zu salben.

[2] Am ersten Tag der Woche kamen sie in aller Frühe zum Grab, als eben die Sonne aufging.

[3] Sie sagten zueinander: Wer könnte uns den Stein vom Eingang des Grabes wegwälzen?

[4] Doch als sie hinblickten, sahen sie, dass der Stein schon weggewälzt war; er war sehr groß.

[5] Sie gingen in das Grab hinein und sahen auf der rechten Seite einen jungen Mann sitzen, der mit einem weißen Gewand bekleidet war; da erschraken sie sehr.

[6] Er aber sagte zu ihnen: Erschreckt nicht! Ihr sucht Jesus von Nazaret, den Gekreuzigten. Er ist auferstanden; er ist nicht hier. Seht, da ist die Stelle, wo man ihn hingelegt hatte.

[7] Nun aber geht und sagt seinen Jüngern, vor allem Petrus: Er geht euch voraus nach Galiläa; dort werdet ihr ihn sehen, wie er es euch gesagt hat.

[8] Da verließen sie das Grab und flohen; denn Schrecken und Entsetzen hatte sie gepackt. Und sie sagten niemand etwas davon; denn sie fürchteten sich.

[9] Als Jesus am frühen Morgen des ersten Wochentages auferstanden war, erschien er zuerst Maria aus Magdala, aus der er sieben Dämonen ausgetrieben hatte.

[10] Sie ging und berichtete es denen, die mit ihm zusammen gewesen waren und die nun klagten und weinten.

[11] Als sie hörten, er lebe und sei von ihr gesehen worden, glaubten sie es nicht.

[12] Darauf erschien er in einer anderen Gestalt zweien von ihnen, als sie unterwegs waren und aufs Land gehen wollten.

[13] Auch sie gingen und berichteten es den anderen und auch ihnen glaubte man nicht.

[14] Später erschien Jesus auch den Elf, als sie bei Tisch waren; er tadelte ihren Unglauben und ihre Verstocktheit, weil sie denen nicht glaubten, die ihn nach seiner Auferstehung gesehen hatten.

[15] Dann sagte er zu ihnen: Geht hinaus in die ganze Welt, und verkündet das Evangelium allen Geschöpfen!

[16] Wer glaubt und sich taufen lässt, wird gerettet; wer aber nicht glaubt, wird verdammt werden.

[17] Und durch die, die zum Glauben gekommen sind, werden folgende Zeichen geschehen: In meinem Namen werden sie Dämonen austreiben; sie werden in neuen Sprachen reden;

[18] wenn sie Schlangen anfassen oder tödliches Gift trinken, wird es ihnen nicht schaden; und die Kranken, denen sie die Hände auflegen, werden gesund werden.

[19] Nachdem Jesus, der Herr, dies zu ihnen gesagt hatte, wurde er in den Himmel aufgenommen und setzte sich zur Rechten Gottes.

[20] Sie aber zogen aus und predigten überall. Der Herr stand ihnen bei und bekräftigte die Verkündigung durch die Zeichen, die er geschehen ließ.

 | ISBN 978-3-8346-2928-9 | www.verlagruhr.de

Jesus als Zentrum des christlichen Glaubens 1/2

INFO

Das Christentum hat vieles gemeinsam mit anderen Religionen. Besonders mit den anderen beiden Weltreligionen, die nur an einen Gott glauben (den monotheistischen also), d. h. dem Judentum und dem Islam, gibt es **viele Ähnlichkeiten.** Alle drei Glaubensgemeinschaften glauben, dass es nur einen Gott gibt, und in ihren Heiligen Schriften wird von wichtigen Propheten wie Abraham, Isaak, Jakob und Moses erzählt. Tatsächlich wird Jesus auch im Koran, der Heiligen Schrift des Islam, als wichtiger Prophet und sogar als Messias genannt. Dennoch ist dieser Glaube der Christen an **Jesus Christus als Mittelpunkt das Unterscheidende** zu allen anderen Religionen.

Christus als guter Hirte (um 440)

Der Glaube an Gottes entscheidendes Handeln durch Jesus Christus

Christen glauben, dass Gott mit Jesus Christus ein für alle Mal gezeigt habe, wer er für die Menschen ist. Jesus erklärte durch seine Worte und seine Taten, dass Gott vor allem **barmherzig** und **gnädig** sei. Indem er sich vorrangig um die Außenseiter und um die Menschen, die schuldig geworden waren, kümmerte, wollte er den Menschen zeigen, dass Gott alle Menschen liebt. Er lehrte, dass man Gott vertrauen könne wie einem Vater. Die Christen glauben aber nicht nur, dass man durch Jesus besser verstehen kann, was Gott für die Menschen tut – das wäre noch nicht unbedingt ein Unterschied zu anderen Religionen –, sondern sie glauben, dass man **mit Jesus Gott tatsächlich begegnet.**

Das ist auch der Grund dafür, dass sie glauben, dass es zwar nur einen Gott gibt, dieser sich aber auf unterschiedliche Weise zeigt. Da in Jesus Christus Gott begegnet werden könne, sei Jesus Christus auch eine der göttlichen Erscheinungsweisen: Wer Jesus zu seinen Lebzeiten begegnet sei, begegnete nicht nur einem Menschen – das zwar auch, denn Jesus war ein richtiger Mensch, der sogar sterben konnte –, sondern gleichzeitig auch dem barmherzigen Gott. Nachdem Jesus nicht mehr auf der Erde war, konnte man ihm natürlich nicht mehr so begegnen, wie ein Mensch einem anderen Menschen begegnet.
So glauben die Christen, dass jeder Jesus Christus im Gebet und im Gottesdienst begegnen könne. Das ermögliche der Geist Gottes, den die Christen den Heiligen Geist nennen.

Jesus Christus als das Wort Gottes

Im Kapitel 1 des Johannesevangeliums wird Jesus Christus als das **Wort Gottes** bezeichnet. Das ist ein sprachliches Bild, das den Zusammenhang vielleicht noch deutlicher macht: Ein Wort teilt uns etwas mit. Wenn ein anderer Mensch sein Wort an mich richtet, teilt er mir etwas über sich mit, ja, er gibt mir etwas von sich. So, denken die Christen, sei es auch mit Jesus Christus: Gott teile uns in dem Menschen Jesus etwas mit und gebe uns etwas von sich.

Jesus als Zentrum des christlichen Glaubens 2/2

INFO

Schwierigkeiten mit dem Glauben an Jesus Christus

Viele Menschen, auch Christen, haben heute Schwierigkeiten, das oben Geschilderte zu glauben. Für sie ist Jesus vielleicht jemand, der Richtiges über das Verhalten zu anderen Menschen gelehrt hat. Damit haben sie aber schon das Wichtigste verstanden! Für Jesus war es nicht wichtig, was die Menschen über ihn glaubten. Ihm war ihr **Verhalten zu ihren Mitmenschen** wichtig. Wenn sich ein Christ oder ein Angehöriger einer anderen Religion oder auch jemand, der nicht an Gott glaubt, so verhält, wie Jesus es vorgelebt hat, dann ist im Sinne von Jesus schon viel erreicht.

Das gemeinsame Glaubensbekenntnis aller christlichen Kirchen

Ich glaube an Gott, den Vater,
den Allmächtigen,
den Schöpfer des Himmels und der Erde.

Und an Jesus Christus,
seinen eingeborenen Sohn, unsern Herrn,
empfangen durch den Heiligen Geist,
geboren von der Jungfrau Maria,
gelitten unter Pontius Pilatus,
gekreuzigt, gestorben und begraben,
hinabgestiegen in das Reich des Todes,
am dritten Tage auferstanden von den Toten,
aufgefahren in den Himmel;
er sitzt zur Rechten Gottes,
des allmächtigen Vaters;
von dort wird er kommen,
zu richten die Lebenden und die Toten.

Ich glaube an den Heiligen Geist,
die heilige christliche Kirche,
Gemeinschaft der Heiligen,
Vergebung der Sünden,
Auferstehung der Toten
und das ewige Leben.

Amen.

(Quelle: © Evangelische Kirche in Deutschland (EKD) auf www.ekd.de/glauben/apostolisches_glaubensbekenntnis.html)

AUFGABEN

1. **Jesus vergleicht Gott in einem Gleichnis mit einem guten Hirten, der sich um die Menschen so kümmere wie ein guter Hirte um seine Schafe. Überlege und erkläre, warum auf dem Bild auf der ersten Seite Jesus Christus selbst als guter Hirte dargestellt wird.**
2. **Arbeitet in Kleingruppen von drei bis fünf Schülern:**
   a) Tauscht euch über eure Gedanken zu Aufgabe 1 aus. Bezieht in eure Überlegungen auch das Glaubensbekenntnis mit ein.
   b) Diskutiert dann mit eurer ganzen Lerngruppe. Besprecht dabei die These des letzten Textabschnittes, dass es wichtiger sei, sich im Sinne Jesu zu verhalten, als zu glauben, dass Jesus Christus eine der Erscheinungsweisen Gottes sei.

© Verlag an der Ruhr | Autor: Ulrich Bracht | ISBN 978-3-8346-2928-9 | www.verlagruhr.de

Deutungen von Tod und Auferstehung Jesu Christi 1/2

INFO

Im christlichen Glauben sind der Kreuzestod und die Auferstehung Jesu Christi von entscheidender Bedeutung. Das zeigt sich schon darin, dass **Karfreitag**, als Tag der Erinnerung an die Kreuzigung Jesu Christi, und **Ostern**, als Fest seiner Auferstehung, die **wichtigsten Feiertage** des Christentums sind.

Warum aber musste Jesus überhaupt am Kreuz sterben und wie ist seine Auferstehung zu verstehen? Zu diesen Fragen gibt es seit einiger Zeit auch innerhalb des Christentums durchaus **unterschiedliche Meinungen.**

Kreuz mit betenden Figuren („Nkangi kiditu") – Fundstelle: Kongo oder Angola, 17. Jahrhundert

Warum starb Jesus am Kreuz?

Geschichtlich wird es so gewesen sein, dass Jesus den Machthabern seines Landes und auch manchen religiösen Führern **zu gefährlich** wurde, da er mit seiner Botschaft, dass Gott besonders die Ausgestoßenen liebt – und nicht etwa die Reichen und Mächtigen –, für einiges Aufsehen sorgte. Für die Christen kommt aber noch eine Frage hinzu: Jesus Christus ist für sie der Sohn Gottes, der Messias und letztlich sogar eine Erscheinungsweise Gottes. **Warum hat Gott also zugelassen, dass sein Sohn am Kreuz stirbt?**

Drei der möglichen Antworten sind:

a) Durch all das Leid, das Menschen verursachen, wie z. B. Mord, Kriege usw., seien sie so schuldig, dass sie nur durch Gott Vergebung finden könnten. Jesus Christus sei **stellvertretend für die Schuld aller Menschen** am Kreuz gestorben. Mit ihm habe Gott die Schuld aller Menschen auf sich genommen.

b) Gott wolle den Menschen mit dem Schicksal von Jesus Christus **Hoffnung geben.** Menschen erleben Armut, Leid, Krankheit und Tod. Alles das hat Jesus auch erlebt. Er zeige so, dass man seiner Aufgabe auch treu bleiben kann, wenn man wahrscheinlich scheitert. Letztlich sei ja dann auch selbst der Tod nicht das letzte Wort geblieben, denn Gott habe Jesus Christus auferstehen lassen.

c) Jesus habe **konsequent nach seiner Botschaft** gelebt und das auch durchgehalten, als ihm der Tod drohte. Er sei im vollen Bewusstsein der tödlichen Gefahr in die Hauptstadt Palästinas, Jerusalem, gegangen, damit möglichst viele von seiner Botschaft erführen.

Deutungen von Tod und Auferstehung Jesu Christi 2/2

INFO

Was bedeutet Auferstehung Jesu Christi?

Ein ebenso schwieriges Problem stellt sich bei der Auferstehung. Das, was die Erzählungen der Evangelien nahelegen, dass Jesus Christus von den Toten auferstanden sei, ist biologisch in der Tat gar nicht möglich. Ein Toter kann nicht wieder lebendig werden. Deshalb glauben manche, dass sich die Freunde Jesu dies nach dessen Tod letztlich eingeredet und es schließlich geglaubt hätten.

Andere sagen, dass die ersten Christen von der Auferstehung so überzeugt waren, dass sie schnell viele weitere Menschen überzeugen konnten und dass viele alles für ihren Glauben riskierten. Es sei kaum vorstellbar, dass das nur durch Einbildung geschehen konnte.

Manche Christen gehen davon aus, dass es deshalb so geschehen sei, wie es in den Evangelien steht. Mit dieser Deutung haben aber auch viele Christen Schwierigkeiten. Die Evangelien unterschieden sich doch zu sehr, als dass man sie als geschichtliche Berichte lesen könnte. Deshalb könne nicht gesagt werden, was damals mit den Anhängern Jesu tatsächlich geschehen sei. Zumal kein anderer jemals so etwas erlebt habe. Andererseits müssten sie ein religiöses Erlebnis gehabt haben, das sie tief geprägt habe. Anders sei es nicht zu erklären, dass sie kurz nach dem Tod Jesu, mit dem für sie ja alle Hoffnungen im wahrsten Sinne des Wortes gestorben waren, mit tiefster Überzeugung verkündeten, dass Jesus auferstanden sei und dass sein Anliegen weitergehe.

Auferstehung Jesu Christi

Und jetzt?

Christen überlegen schon seit bald 2000 Jahren, wie die Zeugnisse von Tod und Auferstehung richtig zu verstehen sind, ohne eine finale Antwort auf all die Fragen zu finden. Aber das ist vielleicht gut so, denn so setzen sie sich immer wieder mit dem Kern ihrer Religion auseinander. Das wird auch so bleiben, solange es das Christentum gibt. Vielleicht wird den Christen dadurch zudem deutlich, dass auch sie nicht „die Wahrheit gepachtet" haben …

AUFGABEN

1. **Welche der auf der ersten Seite vorgestellten Deutungen, warum Jesus am Kreuz gestorben ist, findest du am überzeugendsten? Begründe deine Meinung!**
2. **Diskutiere mit einem Partner: Haltet ihr es für ein gutes Argument gegen die Auferstehung Jesu Christi, dass eine Auferstehung von den Toten biologisch nicht möglich sei? Setzt euch in eurer Begründung auch mit den anderen im Text genannten Positionen auseinander.**
3. **Arbeitet in Kleingruppen von drei bis fünf Schülern: Tauscht euch über eure Gedanken zu den Aufgaben 1 und 2 aus. Diskutiert anschließend auch mit eurer ganzen Lerngruppe.**

Jesus in Bibel und Koran

Die Heilige Schrift des Islam ist der Koran. Die Muslime glauben, dass der Engel Gabriel dem Propheten Mohammed (570–632) den Koran als direkt von Gott, Allah, kommend vermittelt hat. Der Koran ist also nach dem Glauben der Muslime das ursprüngliche Wort Gottes. Über Jesus findet sich im **Koran viel Positives.** Neben Abraham ist er **einer der wichtigsten Propheten** vor der Zeit des Islam. Der biblischen Deutung aber, dass Jesus Christus der Sohn Gottes sei, widerspricht der Koran.

Islamische Zierkachel – die Inschrift bedeutet: „Was Gott will."

Der Islam widerspricht dem christlichen Glauben an Jesus als Sohn Gottes

Das älteste Evangelium, das Markusevangelium, beginnt schon mit den Worten:

> *„Anfang des Evangeliums von Jesus Christus, dem Sohn Gottes."*
>
> (Markus 1,1)

Im Koran aber findet sich folgende Stelle:

> *„Ihr Leute der Schrift! Treibt es in eurer Religion nicht zu weit und sagt gegen Gott nichts aus, als die Wahrheit! Christus Jesus, der Sohn der Maria, ist nur der Gesandte Gottes und sein Wort, das er der Maria entboten hat, und Geist von ihm. Darum glaubt an Gott und seine Gesandten und sagt nicht (von Gott, da[ss] er in einem) drei (sei)! Hört auf (so etwas zu sagen)! Das ist besser für euch. Gott ist nur ein einziger Gott. Gepriesen sei er! (Er ist darüber erhaben) ein Kind zu haben. Ihm gehört (vielmehr alles) was im Himmel und auf der Erde ist."*
>
> (Sure 4, Vers 171)

(Quelle: „Der Koran – Übersetzung von Rudi Paret", Kohlhammer 2014)

INFO

Sure: Ein Abschnitt aus dem Koran.

AUFGABEN

1. **Stelle in einer Tabelle die Gemeinsamkeiten und die Unterschiede der islamischen und der christlichen Sicht auf Jesus Christus heraus.**
2. **Arbeitet in Kleingruppen von drei bis fünf Schülern: Stellt euch eure Ergebnisse aus Aufgabe 1 gegenseitig vor. Nehmt dann Stellung zu der Aussage: „Die Gemeinsamkeiten zwischen Koran und Bibel, zwischen Islam und Christentum, sind wichtiger als die Unterschiede."**

Jesus in Bibel und Koran 1/2

Die Heilige Schrift des Islam ist der Koran. Die Muslime glauben, dass der Engel Gabriel dem Propheten Mohammed (570–632) den Koran als direkt von Gott, Allah, kommend vermittelt hat. Der Koran ist also nach dem Glauben der Muslime das ursprüngliche Wort Gottes. Über Jesus findet sich im **Koran viel Positives.** Neben Abraham ist er **einer der wichtigsten Propheten** vor der Zeit des Islam. Jesus wird ebenfalls, wie im Christentum, als der Messias dargestellt. Auch der Koran erzählt davon, dass Jesus der Sohn der Jungfrau Maria sei und deshalb auch keinen menschlichen Vater habe. Der biblischen Deutung aber, dass Jesus Christus der Sohn Gottes sei, widerspricht der Koran dennoch.

Islamische Zierkachel – die Inschrift bedeutet: „Was Gott will."

Der Islam widerspricht dem christlichen Glauben an Jesus als dem Sohn Gottes

Das älteste Evangelium, das Markusevangelium, beginnt schon mit den Worten:

> *„Anfang des Evangeliums von Jesus Christus, dem Sohn Gottes."*
>
> (Markus 1,1)

Im Koran aber findet sich folgende Stelle:

> *„Ihr Leute der Schrift! Treibt es in eurer Religion nicht zu weit und sagt gegen Gott nichts aus, als die Wahrheit! Christus Jesus, der Sohn der Maria, ist nur der Gesandte Gottes und sein Wort, das er der Maria entboten hat, und Geist von ihm. Darum glaubt an Gott und seine Gesandten und sagt nicht (von Gott, da[ss] er in einem) drei (sei)! Hört auf (so etwas zu sagen)! Das ist besser für euch. Gott ist nur ein einziger Gott. Gepriesen sei er! (Er ist darüber erhaben) ein Kind zu haben. Ihm gehört (vielmehr alles) was im Himmel und auf der Erde ist."*
>
> (Sure 4, Vers 171)

(Quelle: „Der Koran – Übersetzung von Rudi Paret", Kohlhammer 2014)

INFO

Sure: Eine Sure ist ein Abschnitt aus dem Koran und besteht aus einer unterschiedlichen Anzahl von Versen. Der Koran besteht aus insgesamt 114 Suren.

Jesus in Bibel und Koran 2/2

Das unterschiedliche Schriftverständnis in Islam und Christentum

Die meisten Christen gehen davon aus, dass die **Bibel** die Zeugnisse des Glaubens **vieler Autoren** beinhaltet. Diese biblischen Autoren wollten ihrem Glauben und dem Glauben ihrer Gemeinschaft zu ihrer jeweiligen Zeit Ausdruck verleihen. Insofern ist die Bibel **durch Menschenwort vermitteltes Gotteswort.** Deshalb kann die Bibel auch historisch erforscht werden, um so z. B. festzustellen, wie sich der Glaube an Jesus Christus zu der Zeit der Entstehung des Neuen Testaments entwickelt hat.

Der **Koran** hingegen ist nach dem Verständnis des Islam **direktes Wort Gottes.** Deshalb ist er auch nur im arabischen Originalwortlaut wirklich gültig.

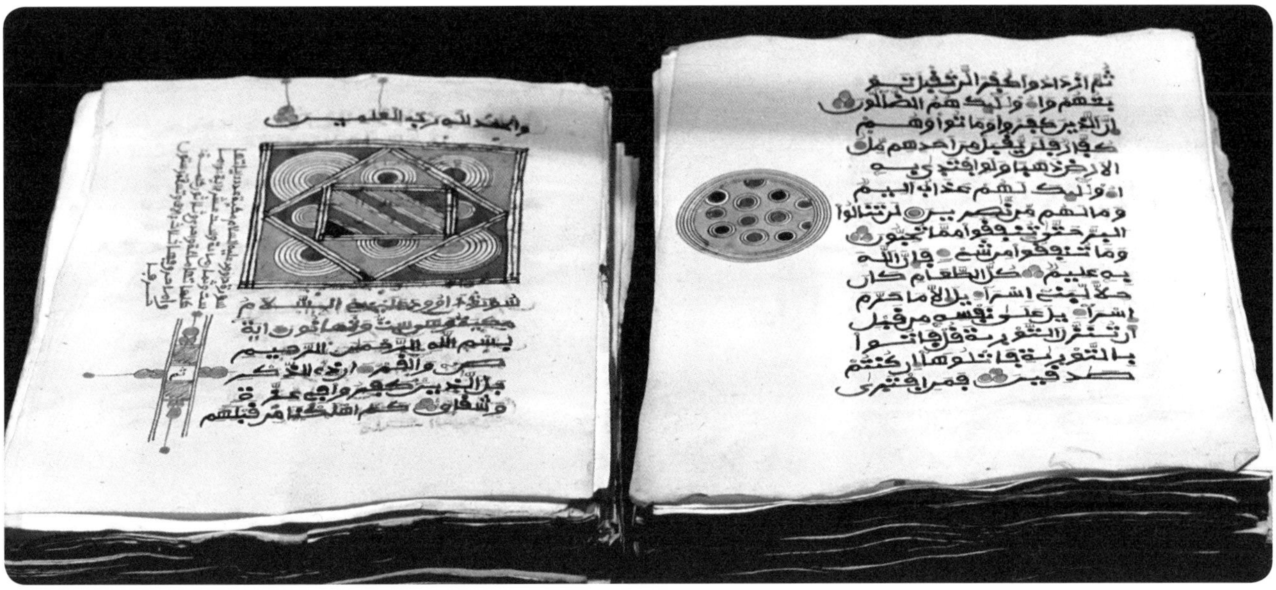

Eine Koran-Handschrift im arabischen Original

AUFGABEN

1. **Stelle in einer Tabelle die Gemeinsamkeiten und die Unterschiede der islamischen und der christlichen Sicht auf Jesus Christus heraus.**

Gemeinsamkeiten	Unterschiede
Jesus als Gesandter Gottes	
Jesus als Messias	
…	

2. **Arbeitet in Kleingruppen von drei bis fünf Schülern:**
Stellt euch eure Ergebnisse aus Aufgabe 1 gegenseitig vor. Diskutiert anschließend, welche Bedeutung die Unterschiede und Gemeinsamkeiten haben, wenn Muslime und Christen über ihren Glauben miteinander sprechen. Bezieht auch das unterschiedliche Schriftverständnis der beiden Religionen mit in eure Überlegungen ein!

Christliche Konfessionen

Warum es nicht nur eine Kirche gibt 1/2

INFO

In allen großen Religionen gibt es unterschiedliche Glaubensrichtungen. Auch im Christentum ist dies zu beobachten: Es gibt die **orthodoxen** Kirchen – z. B. griechisch-orthodoxe, russisch-orthodoxe, serbisch-orthodoxe –, die **römisch-katholische** Kirche, die **evangelischen** Kirchen, die **evangelisch-freikirchlichen** Gemeinden und auch noch einige mehr. Alle diese Kirchen und Gemeinschaften haben den Glauben an Jesus Christus gemeinsam, unterscheiden sich aber ansonsten doch auch in vielem. Um mehr davon zu verstehen, schauen wir uns die beiden großen Kirchenteilungen an.

Ein orthodoxer Priester in Griechenland

Die Trennung der Westkirche von der Ostkirche – römisch-katholische und orthodoxe Kirchen

Nachdem 330 n. Chr. das damalige Konstantinopel, das heutige Istanbul, zur Hauptstadt des römischen Reiches geworden war, beanspruchte der Bischof von Konstantinopel die gleichen Rechte zur Führung der Kirche wie der Papst, der Bischof des weiter westlich gelegenen Roms. Die Bischöfe von Rom und Konstantinopel **konkurrierten** in den folgenden Jahrhunderten um die Vorherrschaft in der Kirche. Auch ihre unterschiedliche Arten, ihren Glauben zu leben, führten zu einer weiteren Auseinanderentwicklung – z. B. war die Gottesdienstsprache der römischen Kirche **Latein**, die der von Konstantinopel geprägten Kirche **Griechisch**. Nach vielen Streitigkeiten um die richtige Art des Glaubens kam es schließlich zu einer **Trennung der Kirchen im Jahre 1054**, bei der sich beide Kirchen **gegenseitig verurteilten.** (Diese Verurteilung wurde von beiden Seiten erst 1965 wieder aufgehoben.) Die orthodoxe Kirche im Osten teilte sich dann noch im Laufe der Zeit in eine griechische, eine russische, eine serbische und andere Kirchen auf, wobei alle den Bischof von Konstantinopel (Istanbul) als Oberhaupt anerkennen und so eine Gemeinschaft bilden.

INFO

orthodox: Das griechische Wort „orthodox" bedeutet „rechtgläubig" und ist deshalb als Bezeichnung der Ostkirchen entstanden, da diese Kirchen ausdrücken wollten, dass sie im Vergleich zur römisch-katholischen Kirche den „richtigen" Glauben haben.

INFO

römisch-katholisch: Das griechische Wort „katholisch" bedeutet „allgemein". Die Katholiken wollten damit ihren Anspruch ausdrücken, dass sie im Grunde die Kirche für alle Christen seien. Da sie von Rom aus geleitet wird, kam das Wort „römisch" hinzu.

Warum es nicht nur eine Kirche gibt 2/2

INFO

Die Teilung der Westkirche – evangelische und katholische Kirche

Die römisch-katholische Kirche prägte im Mittelalter weite Teile Europas. Das gesamte Leben in den mittelalterlichen Gesellschaften war durch den katholischen Glauben geprägt: die Gesellschaftsordnung, die Bildung und die Moral. So waren z. B. **alle großen Philosophen Kirchenmänner.** Auch zeugen noch heute prächtige Kathedralen (z. B. der Kölner Dom) vom Glauben der mittelalterlichen Menschen und der großen Bedeutung der Kirche zu der damaligen Zeit. Neben den unbestreitbar großen Leistungen traten und treten im Laufe der Geschichte der römisch-katholischen Kirche bis heute aber auch einige **Missstände** auf. So wollte die Kirche mit dem Papst an der Spitze im Mittelalter immer mehr auch **politische Macht** bekommen. Die katholische Kirche wurde reich und mächtig. Es gab zwar immer wieder Bewegungen, die versuchten zu zeigen, dass die Kirche, wie Jesus es vorgelebt hat, eine arme Kirche für die Armen sein sollte, ihr Erfolg war aber begrenzt.

Im 16. Jahrhundert schließlich waren die Missstände in der Kirche, besonders auch in Rom selbst, so groß, dass z. B. **Martin Luther** in Deutschland diese Entwicklung als unchristlich darstellte und versuchte, die Kirche zu verändern. Die katholische Kirche war damals noch nicht so weit, Luthers Anliegen aufzunehmen und umzusetzen. Die Oberhäupter schlossen Luther aus der Kirche aus und bedrohten sogar sein Leben. Als Gegenentwicklung entstanden aus den Anhängern Luthers die Protestanten, die **evangelische Kirche.** In der Schweiz vertraten die **Reformatoren Huldrych Zwingli und Johannes Calvin** ähnliche Positionen. Schließlich verbreiteten sich von Deutschland und der Schweiz ausgehend die neuen evangelischen Kirchen.

Der Reformator Martin Luther auf einem Bild von Lucas Cranach dem Älteren (1533)

INFO

evangelisch: Mit dem Wort „evangelisch" soll ausgedrückt werden, dass sich die evangelischen Kirchen wieder stärker auf die Evangelien, das Zeugnis der Botschaft Jesu, besinnen. Dass dies auch die katholische Kirche bis heute immer wieder tut, hat dazu geführt, dass sich die Kirchen wieder einander annähern.

Reformator: Luther, Zwingli und Calvin werden als die Reformatoren bezeichnet, da sie die Kirche reformieren, also verändern wollten. Deshalb wird auch die Zeit im 16. Jahrhundert, als die evangelischen Kirchen entstanden, als Reformation bezeichnet.

AUFGABE

Bildet Kleingruppen von vier bis sechs Schülern: Recherchiert arbeitsteilig zu den folgenden Themen:

a) Kirche im Mittelalter (Internettipp: www.leben-im-mittelalter.net/gesellschaft-im-mittelalter/religion-und-christentum-im-mittelalter.html)

b) Martin Luther und die Reformation (Internettipp: www.kinderzeitmaschine.de/neuzeit/lucys-wissensbox/kategorie/die-reformation-von-martin-luther-dem-ablasshandel-und-der-spaltung-der-kirche/frage/wer-war-martin-luther-teil-1.html?ht=6&ut1=113)

Achtet darauf, dass zu jedem Thema mindestens zwei Schüler eurer Gruppe recherchieren. Stellt euch anschließend eure Ergebnisse gegenseitig vor.

Evangelisch – Katholisch 1/2

INFO

Beide großen christlichen Kirchen haben mehr gemeinsam, als sie unterscheidet. Für beide steht der **Glaube an Jesus Christus** im Mittelpunkt, beide haben die **gleiche Heilige Schrift**, die Bibel, und beide glauben an einen **barmherzigen Gott**, der das Beste für die Menschen will. Es gibt aber auch einige Unterschiede, die im Folgenden dargestellt werden.

Eine evangelische Pfarrerin hält einen Gottesdienst

Unterschiede

Die **Katholiken** haben einen **Papst**, der die gesamte katholische Kirche auf der Welt leitet. Solch eine Person gibt es **in den evangelischen Kirchen nicht**. Katholische Priester sind immer Männer und dürfen nicht heiraten, während evangelische Pfarrer häufig verheiratet sind; außerdem gibt es hier auch Pfarrerinnen. Die evangelischen Kirchen kennen nur zwei **Sakramente** – Taufe und Abendmahl –, die Katholiken hingegen kennen mit Taufe, Eucharistie (Abendmahl), Firmung, Beichte, Ehe, Priesterweihe und Krankensalbung sieben.

Besonders wichtig ist beiden Glaubensrichtungen, auch Konfessionen genannt, das Sakrament der **Eucharistie** (wie es die Katholiken meist nennen) bzw. des **Abendmahls** (wie es meist von den Evangelischen bezeichnet wird). Die Katholiken feiern in jeder Messe Eucharistie, während in evangelischen Gottesdiensten nur ein- oder 2-mal im Monat in Sonntagsgottesdiensten das Abendmahl gefeiert wird.

INFO

Eucharistie/Abendmahl: Das letzte Abendmahl feierte Jesus mit seinen engsten Freunden kurz vor seiner Hinrichtung. Schon kurz nach Entstehung der ersten christlichen Gemeinden feierten diese als Erinnerung daran und an Christi Tod und Auferstehung das Abendmahl. Christen tun dies bis heute in ihren Gottesdiensten, indem Brot und Wein (bei den Katholiken meist nur Brot) an die Gläubigen ausgeteilt werden. In der Überlieferung des Neuen Testaments wird Jesus beim letzten Abendmahl zitiert: „Während des Mahls nahm Jesus das Brot und sprach den Lobpreis; dann brach er das Brot, reichte es den Jüngern und sagte: Nehmt und esst; das ist mein Leib. Dann nahm er den Kelch, sprach das Dankgebet und reichte ihn den Jüngern mit den Worten: Trinkt alle daraus; das ist mein Blut, das Blut des Bundes, das für viele vergossen wird zur Vergebung der Sünden."
(Matthäus 26,26–28)

© Verlag an der Ruhr | Autor: Ulrich Bracht | ISBN 978-3-8346-2928-9 | www.verlagruhr.de

Evangelisch – Katholisch 2/2

INFO

Eucharistie/Abendmahl

Die Katholiken glauben, dass Jesus in Brot und Wein tatsächlich anwesend ist und es auch bleibt. Deswegen wird das geweihte Brot (die **Hostien**) auch in einem prächtigen Schrank in der Kirche, dem sogenannten **Tabernakel**, aufbewahrt.

Ein katholischer Priester bei der Eucharistiefeier

In den evangelischen Kirchen gibt es unterschiedliche Ansichten über die tatsächliche **Anwesenheit Jesu Christi in Brot und Wein.** Während die einen glauben, dass das Abendmahl nur ein Symbol ist und an das letzte Abendmahl, das Jesus mit seinen engsten Freunden kurz vor seiner Kreuzigung feierte, erinnert, glauben andere, dass Jesus Christus während des Gottesdienstes in Brot und Wein tatsächlich anwesend ist. Sie glauben allerdings nicht wie die Katholiken, dass diese Anwesenheit in Brot und Wein nach dem Gottesdienst weiter fortbesteht. Deshalb muss das Brot auch nicht in einem besonderen Schrank aufbewahrt werden.

INFO

Hostie: In den Gottesdiensten werden statt normalem Brot (wie heute noch in den orthodoxen Gemeinden) meist sogenannte Hostien (Hostie: lat. „Opfergabe") verwendet. Es sind kleine runde Brotstücke aus Weizenmehl und Wasser.

Messe: Ein katholischer Gottesdienst, in dem Eucharistie gefeiert wird, wird „Messe" oder oft auch „Heilige Messe" genannt. Das Wort stammt aus dem lateinischen Entlassungsruf am Ende der Messe, bei dem den Gläubigen zugerufen wird: „Ite, missa est." – „Gehet hin, es ist Aussendung." Die Gläubigen sind nach der Messe gesandt, den christlichen Glauben mit Worten und vor allem mit Taten zu bezeugen. (Heute wird den Gläubigen in den deutschsprachigen Messen meist „Gehet hin in Frieden!" mit auf den Weg gegeben.)

AUFGABE

Arbeitet zu zweit: Fasst die Unterschiede und Gemeinsamkeiten der evangelischen und der katholischen Kirche in einem Schaubild zusammen, das ihr anschließend euren Mitschülern präsentiert.

Sakramente: katholisch – evangelisch 7 : 2 1/2

INFO

„7 : 2" – das liest sich wie ein Fußballergebnis; wie ein recht klarer Sieg der katholischen Kirche. Aber es geht hier natürlich nicht um Gewinnen oder Verlieren, sondern um einen auffälligen **Unterschied zwischen den Kirchen.** Was hat es damit auf sich? Vorher sollte allerdings geklärt werden, was Sakramente überhaupt sind.

Was ist ein Sakrament?

Manche Verliebte tragen Ringe, um allen zu zeigen: Wir gehören zusammen. Die Ringe sind dann nicht nur Schmuckstücke, sondern auch ein Zeichen für die Liebe zwischen zwei Menschen. Sie sind aber noch viel mehr: Die Menschen, die diese Ringe tragen, verbinden Gefühle damit, sie fühlen sich verbunden, auch wenn der Partner nicht anwesend ist. Wenn man solch einen Ring trägt, verändert sich das Leben. Etwa so verhält es sich auch mit den christlichen Sakramenten. Die christlichen Sakramente sind ein Zeichen für die **Verbundenheit mit Gott.** Die Christen fühlen sich durch die Sakramente in besonderer Weise mit Gott verbunden. Menschen brauchen solche Zeichen, die für sie etwas Besonderes bedeuten.

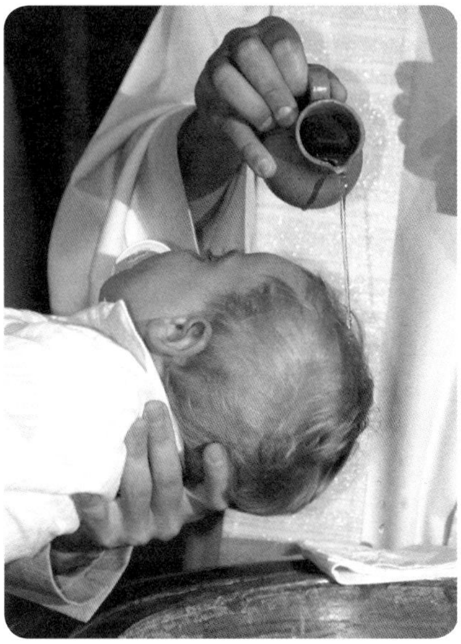

Taufzeremonie

„Das Abendmahl" von Leonardo da Vinci (1495–97)

Sakramente: katholisch – evangelisch 7 : 2 2/2

INFO

Warum haben die Katholiken mehr Sakramente als die Evangelischen?

Brauchen Katholiken mehr Hilfen, um sich mit Gott verbunden zu fühlen? Das wahrscheinlich nicht! Es ist schlicht eine grundsätzliche Entscheidung, die hier den Unterschied ausmacht. Die **evangelische Kirche** ist der Ansicht, dass nur dann etwas ein kirchliches Sakrament sein kann, wenn Jesus es selbst eingesetzt hat. Die **Taufe** ist die Aufnahme eines Menschen in die christliche Gemeinschaft und bei seinem letzten **Abendmahl** hat Jesus seinen Freunden und allen seinen Anhängern aufgetragen, das Abendmahl in Erinnerung an seinen Tod und seine Auferstehung immer wieder zu feiern. Deshalb haben alle Kirchen diese beiden Sakramente gemeinsam.

Die **Katholiken** meinen, dass wenn sich etwas Entscheidendes im Leben eines katholischen Christen verändert, dies mit kirchlichen Sakramenten begleitet werden sollte. So gibt es zusätzlich noch das Sakrament der **Firmung**, bei der die Jugendlichen als „erwachsenes" Gemeindemitglied aufgenommen werden, die **Ehe**, die **Priesterweihe** und die **Krankensalbung**, die Trost und Stärkung bei schweren Krankheiten spenden soll. Schließlich gibt es noch die **Beichte**, bei der Menschen alles, was sie falsch gemacht haben, einem Priester als Stellvertreter Jesu Christi schildern können und so nach dem Glauben der katholischen Kirche wieder mit Gott „ins Reine" kommen.

Aber auch für die Katholiken sind Taufe und Abendmahl die wichtigsten Sakramente und im Gegenzug haben auch die Evangelischen eine Konfirmation (die der katholischen Firmung entspricht), die kirchliche Hochzeit, die feierliche Einsetzung als Pfarrer, sie beten mit (Schwer-)Kranken und glauben, dass man seine Schuld erkennen muss, um mit Gott „ins Reine" zu kommen, jedoch bezeichnen sie all dies nicht als Sakramente. Das ist ein Begriffsunterschied, und auch die Art und Weise, wie diese Feierlichkeiten begangen werden, unterscheidet sich teilweise. Trotzdem bedeutet das „7 : 2" keineswegs einen wirklichen Glaubensunterschied.

Das Anstecken der Ringe bei einer kirchlichen Trauung

AUFGABEN

1. **Male ein Bild von Gegenständen, die für dich besondere Bedeutung haben, weil sie bestimmte Gefühle in dir auslösen oder weil sie dich an jemanden erinnern und mit ihm verbinden.**
2. **Arbeitet zu zweit: Stellt euch gegenseitig eure Bilder vor. Versucht anschließend zu erläutern, was ein Sakrament ist, indem ihr Parallelen zu euren Bildern zieht!**
3. **Stellt euer Ergebnis schließlich den anderen Mitschülern vor.**

Die römisch-katholische Kirche 1/2

Die römisch-katholische Kirche ist nicht nur die größte christliche Kirche, sondern auch die **größte Religionsgemeinschaft der Welt** überhaupt.
Im Jahre 2011 überschritt die Anzahl der Katholiken erstmals die Grenze von **1,2 Milliarden Menschen,** diese leben zum großen Teil in Mittel- und Südeuropa, Mittel- und Südamerika und auf den Philippinen. In Europa nimmt die Zahl der Katholiken allerdings eher ab, während sie sich in den anderen Ländern deutlich steigert. Damit gewinnen diese Länder auch mehr Einfluss in der katholischen Kirche. So wurde mit dem **argentinischen Papst Franziskus** 2013 zum ersten Mal ein Mann, der nicht aus Europa kommt, zum Papst gewählt.

Der Kölner Dom, die wohl bekannteste katholische Kirche in Deutschland

INFO

Papstwahl: Der Papst als Oberhaupt der katholischen Kirche wird von wahlberechtigten Kardinälen gewählt; diese treten zu einer geschlossenen Versammlung im Vatikan zusammen, die sich Konklave nennt.

Was bedeutet „römisch-katholisch"?

Römisch heißt diese Kirche, weil sie von Rom aus, von ihrem Oberhaupt, dem Papst, geleitet wird. Das Wort **„katholisch"** stammt aus dem Griechischen und bedeutet „allgemein". Sie versteht sich so als eine Kirche, die die Aufgabe hat, für alle Menschen auf der Welt den christlichen Glauben zu vertreten. In der katholischen Kirche soll es keine Ausländer geben.

Katholische Frömmigkeit

Der Katholizismus fällt besonders auch durch eine Vielfalt auffälliger Glaubensdarstellungen auf. Wallfahrten und Prozessionen zu Ehren Gottes, aber auch Marias oder anderer Heiliger prägen vielerorts das katholische Leben. Ebenso entstammen manche Bräuche, die heute auch von vielen Menschen, die nicht katholisch sind, wahrgenommen werden, der katholischen Frömmigkeit. So haben die Bräuche an Sankt Martin und zu Nikolaus, ja sogar der Karneval einen katholischen Ursprung.

© Verlag an der Ruhr | Autor: Ulrich Bracht | ISBN 978-3-8346-2928-9 | www.verlagruhr.de

Die römisch-katholische Kirche 2/2

INFO

Wallfahrt: Dieses andere Wort für Pilgerreise bezeichnet eine religiöse Reise oder Wanderung, die als Ziel einen religiös bedeutsamen Ort hat (z. B. eine besondere Kirche zu Ehren Marias oder eines anderen Heiligen). Das aus dem Althochdeutschen stammende Wort „wallen" bedeutet „wandern, umherziehen, pilgern".

Eine Fronleichnamsprozession

INFO

Prozession: Eine Prozession ist ein feierlicher Umzug, bei der ein wichtiger religiöser Gegenstand oder eine Statue von Maria oder einem anderen Heiligen mitgeführt und gezeigt wird – etwa bei der Fronleichnamsprozession eine in der Messe geweihte Hostie in einer sogenannten Monstranz, einem kostbaren goldenen Gerät zum Zeigen und Herumtragen der Hostie.
In vielen katholisch geprägten Ländern Südeuropas etwa gibt es große Prozessionen vor Ostern, besonders am Palmsonntag und am Karfreitag, aber auch an anderen Tagen der Karwoche. Im Rahmen dieser Prozessionen wird meist der Leidensweg Christi nachempfunden, indem beispielsweise schwere Kreuze getragen werden.

AUFGABE

Arbeitet in Kleingruppen von drei bis fünf Schülern: Entwerft ein Info-Plakat über die römisch-katholische Kirche und stellt es eurer gesamten Lerngruppe vor.

Die römisch-katholische Kirche 1/2

Die römisch-katholische Kirche ist nicht nur die größte christliche Kirche, sondern auch die **größte Religionsgemeinschaft der Welt** überhaupt.
Im Jahre 2011 überschritt die Anzahl der Katholiken erstmals die Grenze von **1,2 Milliarden Menschen,** diese leben zum großen Teil in Mittel- und Südeuropa, Mittel- und Südamerika und auf den Philippinen. In Europa nimmt die Zahl der Katholiken allerdings eher ab, während sie sich in den anderen Ländern deutlich steigert. Damit gewinnen diese Länder auch mehr Einfluss in der katholischen Kirche. So wurde mit dem **argentinischen Papst Franziskus** auf dem Konklave 2013 zum ersten Mal ein Mann, der nicht aus Europa kommt, zum Papst gewählt.

Der Kölner Dom, die wohl bekannteste katholische Kirche in Deutschland

INFO

Konklave: Um einen Papst als Oberhaupt der katholischen Kirche zu bestimmen, gibt es eine geschlossene Versammlung im Vatikan: Die wahlberechtigten Kardinäle der römisch-katholischen Kirche wählen gemeinsam, abgeschirmt von der Außenwelt, den Bischof von Rom und damit den neuen Papst.

Was bedeutet „römisch-katholisch"?

Römisch heißt diese Kirche, weil sie von Rom aus, von ihrem Oberhaupt, dem Papst, geleitet wird. Das Wort „**katholisch**" stammt aus dem Griechischen und bedeutet „allgemein". Sie versteht sich so als eine Kirche, die die Aufgabe hat, für alle Menschen auf der Welt den christlichen Glauben zu vertreten. In der katholischen Kirche soll es keine Ausländer geben.

Die zwei Quellen des katholischen Glaubens

Für die katholische Kirche ist, wie für alle anderen christlichen Kirchen und Gemeinschaften auch, die Bibel die zentrale Schrift, auf der ihr Glaube gründet. Sehr wichtig ist aber auch die mündliche Überlieferung, die Tradition der katholischen Kirche. Gültiges und Bewährtes der Glaubens- und Kirchenlehren der Vergangenheit wird für Gegenwart und Zukunft bewahrt. So erklärt sich, dass die katholische Kirche nur sehr langsam neues Denken zulässt.

Katholische Frömmigkeit

Der Katholizismus fällt besonders auch durch eine Vielfalt auffälliger Glaubensdarstellungen auf. Wallfahrten und Prozessionen zu Ehren Gottes, aber auch Marias oder anderer Heiliger prägen das katholische Leben vielerorts. Ebenso entstammen manche Bräuche, die heute auch von vielen Menschen, die nicht katholisch sind, wahrgenommen werden, der katholischen Frömmigkeit.

Die römisch-katholische Kirche 2/2

So haben die Bräuche an Sankt Martin und zu Nikolaus, ja sogar der Karneval einen katholischen Ursprung. Manchmal finden sich auch noch Überbleibsel vorchristlicher oder auch abergläubischer Elemente in der bunten katholischen Frömmigkeit. In Deutschland ist dies aber nicht so ausgeprägt wie etwa in Polen, Spanien, Lateinamerika oder auf den Philippinen.

Eine Fronleichnamsprozession

INFO

Wallfahrt: Dieses andere Wort für Pilgerreise bezeichnet eine religiöse Reise oder Wanderung, die als Ziel einen religiös bedeutsamen Ort hat (z. B. eine besondere Kirche zu Ehren Marias oder eines anderen Heiligen). Das aus dem Althochdeutschen stammende Wort „wallen" bedeutet „wandern, umherziehen, pilgern".

Prozession: Eine Prozession ist ein feierlicher Umzug, bei der ein wichtiger religiöser Gegenstand oder eine Statue von Maria oder einem anderen Heiligen mitgeführt und gezeigt wird – etwa bei der Fronleichnamsprozession eine in der Messe geweihte Hostie in einer sogenannten Monstranz, einem kostbaren goldenen Gerät zum Zeigen und Herumtragen der Hostie.

AUFGABEN

1. **Arbeitet in Kleingruppen von drei bis fünf Schülern: Entwerft ein Info-Plakat über die römisch-katholische Kirche und stellt es eurer gesamten Lerngruppe vor.**
2. **Überlegt euch, welche Vor- und Nachteile die „bunte Frömmigkeit" der katholischen Kirche haben kann. Vielleicht habt ihr auch Vorstellungen, warum dies in Deutschland weniger ausgeprägt ist als in den im Text genannten Ländern. Stellt eure Ergebnisse der gesamten Lerngruppe vor.**

Die orthodoxen Kirchen

INFO

„Die Kirchen der rechten (richtigen) Lehre", die orthodoxen Kirchen, nehmen für sich in Anspruch, den **ursprünglichen christlichen Glauben** zu bewahren. Schon im ersten Jahrtausend nach Christus fühlten sie sich unabhängig von der römischen Kirche. Im Jahre 1054 trennten sich dann beide Kirchen nach jahrhundertelangen Auseinandersetzungen und schließlich gegenseitigen Anschuldigungen, die erst 1965 zurückgenommen wurden. Im Wesentlichen ging es um Formulierungen zum Wesen von Jesus Christus und der göttlichen Dreifaltigkeit (Trinität), die heute kaum mehr nachzuvollziehen sind. So betonen die orthodoxen Kirchen deutlich stärker die **Göttlichkeit Jesu Christi,** während die westlichen Kirchen das Leben und Wirken Jesu Christi mehr in den Mittelpunkt stellen.

Ikonenmalerei: Gottesmutter von Wladimir, ein Nationalheiligtum Russlands und der russisch-orthodoxen Kirche

Verbreitung der orthodoxen Kirchen

Im Laufe der Zeit entwickelten sich in vielen Ländern des europäischen Ostens und Südostens und im Nahen Osten **eigenständige orthodoxe Kirchen,** die sich aber alle untereinander verbunden fühlen. So gibt es heute zahlenmäßig nennenswerte orthodoxe Kirchen in Griechenland, Russland, Armenien, Georgien, der Türkei, Bulgarien, Serbien, Bosnien, Rumänien, Tschechien, der Slowakei, Ungarn, Polen, Albanien, Finnland, Estland, Syrien, dem Irak, dem Iran, Ägypten, Äthiopien, Israel und durch Einwanderer auch in den USA. Auch bei uns in Deutschland gibt es in nahezu allen größeren Städten orthodoxe Gemeinden.

Orthodoxe Frömmigkeit

Die orthodoxe Frömmigkeit zeigt sich vor allem in einer **starken Bildhaftigkeit.** Die oft sehr langen Gottesdienste sind durch viele **Zeichenhandlungen** und ergreifende **Gesänge** geprägt. In den Kirchen finden sich viele Christus- und Heiligenbilder, die sogenannten **Ikonen.** Diese Ikonen haben für die Gläubigen eine besondere Bedeutung, denn sie glauben, dass sie bei der Betrachtung der Bilder gleichsam wie durch ein Fenster in den Himmel schauen können. Gleichzeitig zeigen die Ikonen auch, dass die **Marien- und Heiligenverehrung** in den Kirchen des Ostens eine große Rolle spielt.

AUFGABE

Schaut euch im Internet folgende Filme (den zweiten gegebenenfalls in Ausschnitten) von orthodoxen Gottesdiensten an und besprecht eure Eindrücke in Kleingruppen und/oder mit der gesamten Lerngruppe:

- www.youtube.com/watch?v=F53CTUj5O-A
- www.youtube.com/watch?v=rBtLG5JMg4U

Vergleicht die Gottesdienste dann mit einem evangelischen und einem katholischen Gottesdienst:

- www.youtube.com/watch?v=KkVQ2RKudQg
- www.youtube.com/watch?v=I7RFpyrCdy0

 © Verlag an der Ruhr | Autor: Ulrich Bracht | ISBN 978-3-8346-2928-9 | www.verlagruhr.de

Die reformatorischen Kirchen 1/2

Die Kirchen der Reformation, die **evangelischen Kirchen,** sind im 16. Jahrhundert aus **Protest gegen die Missstände** in der damaligen römisch-katholischen Kirche entstanden und werden deshalb auch protestantische Kirchen genannt. Maßgeblich geprägt wurde die Reformation durch den Deutschen **Martin Luther** (1483–1546), einen ursprünglich katholischen Mönch und Priester; in der Schweiz aber auch von **Huldrych Zwingli** (1484–1531) und **Johannes Calvin** (1509–1564).

Der Reformator Martin Luther (noch als katholischer Mönch)

Reformatorischer Glauben

Von Anfang an war es den Anhängern dieser neuen Glaubensrichtung wichtig, dass jeder Christ **seinem Gewissen folgen** müsse. In Glaubensfragen dürfe keine kirchliche oder auch staatliche Autorität ihnen Vorschriften machen. Jeder Christ müsse sich nur nach vier Grundregeln richten und dies allein vor Gott verantworten. Diese **Grundregeln** sind:

1. *Für den Glauben ist allein die Bibel entscheidend (**„sola scriptura“** – „nur die Schrift“).*
2. *Nur der Glaube an Gott ist entscheidend (**„sola fide“** – „nur der Glaube“). Nichts, was der Mensch ansonsten tut (gute Taten), reicht, um sich Gottes Wohlwollen, seine Gnade, zu verdienen.*
3. *Nur die Gnade Gottes zählt (**„sola gratia“** – „nur die Gnade“). Gott schenkt seine Liebe ohne menschliche Vorleistungen.*
4. *Allein Christus kann die Gnade Gottes vermitteln (**„solus Christus“** – „nur Christus“). Evangelische Gläubige glauben nicht, dass Heilige (auch nicht Maria) oder die Kirche Gottes Gnade vermitteln können. Das kann nur der Glaube an Jesus Christus.*

Die reformatorischen Kirchen 2/2

Der Reformator Johannes Calvin

Der Reformator Huldrych Zwingli

Geistiges Leben in den reformatorischen Kirchen

Durch ihre starke Betonung der Bibel und die geistige Auseinandersetzung mit ihr hat evangelisches Denken viel zu neuen christlichen Erkenntnissen beigetragen. So ist die **Erforschung der Bibel** in der Neuzeit, besonders in den letzten 300 Jahren, ein Verdienst evangelischer Forscher. Besonders der Gedanke der **Gewissensfreiheit** hat viel zur Erneuerung des Denkens auch über die evangelischen Kirchen hinaus beigetragen.

Evangelische Gottesdienste

Durch die starke Betonung der **Auslegung der Bibel** sind evangelische Gottesdienste meist nicht so prächtig wie die der katholischen Kirche oder der orthodoxen Kirchen. Mittelpunkt eines Gottesdienstes ist in der Regel die Auslegung eines Bibeltextes durch den Pfarrer, die **Predigt.** Die Kirchenräume sind meist weniger geschmückt und mit Bildern versehen, da sich alles auf das Wort Gottes konzentrieren soll.

AUFGABEN

1. **Tue dich mit einem Partner zusammen: Erklärt euch abwechselnd und in euren eigenen Worten je zwei der vier Grundregeln des reformatorischen Glaubens (Partner A erklärt die erste Regel, Partner B die zweite usw.).**
2. **Arbeitet in Kleingruppen von drei bis fünf Schülern: Diskutiert, warum Gewissensfreiheit in religiösen Fragen wichtig ist.**

 © Verlag an der Ruhr | Autor: Ulrich Bracht | ISBN 978-3-8346-2928-9 | www.verlagruhr.de

Die reformatorischen Kirchen 1/2

Die Kirchen der Reformation, die **evangelischen Kirchen**, sind im 16. Jahrhundert aus **Protest** gegen die Missstände in der damaligen römisch-katholischen Kirche entstanden und werden deshalb auch protestantische Kirchen genannt. Maßgeblich geprägt wurde die Reformation durch den Deutschen **Martin Luther** (1483–1546), einen ursprünglich katholischen Mönch und Priester; in der Schweiz aber auch von **Huldrych Zwingli** (1484–1531) und **Johannes Calvin** (1509–1564).

Der Reformator Martin Luther (noch als katholischer Mönch)

Martin Luthers Entdeckung

Der Glaube der mittelalterlichen Menschen war stark durch die **Furcht vor dem Fegefeuer und der Hölle** geprägt. Zum einen stellten sie sich das Fegefeuer und die Hölle ganz realistisch als Orte vor, an denen Menschen für eine bestimmte Zeit (im Falle des Fegefeuers) oder in Ewigkeit als Strafe für die begangenen Sünden in einem Feuer „schmoren". Zum anderen war ihnen klar, dass kein Mensch leben kann, ohne immer wieder schuldig zu werden. Was aber passiert, wenn ein Mensch unvorbereitet, ohne seine Schuld zu bereuen, stirbt? Nach mittelalterlicher Vorstellung käme ein Mensch dann, wenn er kleinere Schuld (kleinere Sünden) auf sich geladen hatte, z. B. durch einen Streit mit jemandem, ins **Fegefeuer.** Menschen, die eine schwere Schuld begangen haben, eine Todsünde, wie z. B. Mord oder Ehebruch, kämen nach damaliger Vorstellung in die **Hölle.** Viele der Menschen konnten sich nicht vorstellen, dass Hölle und Fegefeuer bildlich gemeint sind, und hatten eine „Höllenfurcht" davor.

INFO

Fegefeuer: Eine vor allem in der katholischen Kirche vertretene Lehre besagt, dass ein Mensch sich nach dem Tod mit dem, was er in seinem Leben getan hat, auseinandersetzen muss. Da dies durchaus auch qualvoll sein kann, führte das dazu, dass das Bild eines Feuers, mit dem die Schuld des Menschen weggefegt wird, verwendet wurde.

Auch Martin Luther erging es so, bis er im Rahmen seiner Bibelstudien im Neuen Testament auf den folgenden Satz aus dem Römerbrief stieß: „Denn im Evangelium wird die Gerechtigkeit Gottes offenbart aus Glauben zum Glauben, wie es in der Schrift heißt: Der aus Glauben Gerechte wird leben" (Römer 1,17). Mit diesem Satz wurde ihm klar, dass man sich Gottes Gnade nicht durch seine Taten verdienen kann, so also ein „Gerechter" wird, sondern dass Gott seine **Gnade unabhängig** von guten Taten schenkt. Man muss diese **Gnade Gottes** nur **annehmen,** an sie glauben. Diese Erkenntnis nahm ihm nicht nur seine Angst, sondern ließ ihn auch die weitverbreitete Praxis in der damaligen katholischen Kirche kritisieren, mit der Angst der Gläubigen Geld zu verdienen. Denn diese wurden dazu angehalten, Geld für die Kirche zu spenden, sogenannte **Ablassbriefe** zu erwerben, um sich aus dem Fegefeuer freizukaufen. Luther erkannte damit auch, dass er nur dem **Wort der Bibel** vertrauen sollte und notfalls auch im Widerspruch zur Kirche seinem Gewissen folgen müsse.

Die reformatorischen Kirchen 2/2

INFO

Ablassbriefe: In der katholischen Kirche gibt es die Vorstellung, dass Gläubige schon vor ihrem Tod durch bestimmte religiöse Handlungen (z. B. Wallfahrten) den Prozess des Fegefeuers abmildern können, einen sogenannten Ablass erwerben können. Das Erwerben von Schriftstücken, sogenannten Ablassbriefen, wurde zur Zeit Luthers als eine solche religiöse Handlung dargestellt.

Reformatorischer Glauben

Von Anfang an war es den Anhängern dieser neuen, von den Reformatoren begründeten Glaubensrichtung wichtig, dass jeder Christ seinem **Gewissen folgen** müsse. In Glaubensfragen dürfe keine kirchliche oder auch staatliche Autorität ihnen Vorschriften machen. Jeder Christ müsse sich nur nach vier Grundregeln richten und dies allein vor Gott verantworten. Diese Grundregeln sind:

1. *Für den Glauben ist allein die Bibel entscheidend (**„sola scriptura“** – „nur die Schrift“).*
2. *Nur der Glaube an Gott ist entscheidend (**„sola fide“** – „nur der Glaube“). Was der Mensch ansonsten tut (gute Taten), reicht nicht, um sich Gottes Wohlwollen, seine Gnade, zu verdienen.*
3. *Nur die Gnade Gottes zählt (**„sola gratia“** – „nur die Gnade“). Gott schenkt seine Liebe ohne menschliche Vorleistungen.*
4. *Allein Christus kann die Gnade Gottes vermitteln (**„solus Christus“** – „nur Christus“). Evangelische Gläubige glauben nicht, dass Heilige (auch nicht Maria) oder die Kirche Gottes Gnade vermitteln können. Das kann nur der Glaube an Jesus Christus.*

Geistiges Leben in den reformatorischen Kirchen

Durch ihre starke Betonung der Bibel und die geistige Auseinandersetzung mit ihr hat evangelisches Denken viel zu neuen christlichen Erkenntnissen beigetragen. So ist die **Erforschung der Bibel** in der Neuzeit, besonders in den letzten 300 Jahren, ein Verdienst evangelischer Forscher. Besonders der Gedanke der **Gewissensfreiheit** hat viel zur Erneuerung des Denkens auch über die evangelischen Kirchen hinaus beigetragen.

Evangelische Gottesdienste

Durch die starke Betonung der **Auslegung der Bibel** sind evangelische Gottesdienste meist nicht so prächtig wie die der katholischen Kirche oder der orthodoxen Kirchen. Mittelpunkt eines Gottesdienstes ist in der Regel die Auslegung eines Bibeltextes durch den Pfarrer, die **Predigt.** Die Kirchenräume sind meist weniger geschmückt und mit Bildern versehen, da sich alles auf das Wort Gottes konzentrieren soll.

AUFGABEN

1. **Versetze dich in die Person Martin Luthers und schreibe in der Ich-Perspektive auf, warum er sich gegen die Vorstellung von Fegefeuer und Ablasshandel wehrt und warum er die Gewissenfreiheit für wichtig hält.**
2. **Arbeitet in Kleingruppen von drei bis fünf Schülern: Stellt euch eure Ergebnisse aus Aufgabe 1 vor und diskutiert, warum Gewissensfreiheit (nicht nur in Glaubensfragen) heute ein zentraler Wert in einer Demokratie, etwa in der der Bundesrepublik Deutschland, ist.**

Suche nach der Einheit: die Ökumene 1/2

Jahrhundertelang stritten sich die Kirchen darum, wer den richtigen Glauben vertrat. Erst im 19. Jahrhundert gab es, zunächst nur von evangelischer Seite, erste Versuche, die **Unterschiede zu überwinden.** Die **ökumenische Bewegung** hatte begonnen.

Die Entwicklung in der katholischen Kirche

Erst ab etwa 1960 öffnete sich die katholische Kirche unter dem veränderungsbereiten **Papst Johannes XXIII.** Auf seine Anregung hin fand von 1962 bis 1965 das 2. Vatikanische Konzil statt. Erstmals erkannte die katholische Kirche auf diesem Konzil ihre Mitschuld an den Kirchenspaltungen an. Auch wurde nun die Gemeinsamkeit aller Christen gesehen und deshalb eine stärkere Zusammenarbeit gefordert.

INFO

Konzil: Eine Zusammenkunft von Kirchenführern, um über Glaubensfragen zu beraten und zu beschließen, wird Konzil genannt. In der katholischen Kirche gab es bislang 21 Konzile, bei denen alle Kirchenführer (Bischöfe) zusammengerufen wurden. Das bisher letzte Konzil war das 2. Vatikanische Konzil (1962–1965), das nach dem Ort, an dem es stattfand, benannt ist: dem Vatikan, dem Sitz des Papstes in Rom.

Heute vielerorts selbstverständlich: Gottesdiensthinweisschilder werden gemeinsam aufgestellt.

Die Position der orthodoxen Kirchen

Die orthodoxen Kirchen sehen die Ökumene noch immer mit großer **Skepsis.** Sie befürchten, dass der Glaube dadurch abnehmen könnte.

INFO

Ökumene: Die ganze bewohnte Welt wird mit dem griechischen Wort „Ökumene" bezeichnet. Deshalb wird dieser Begriff von der ökumenischen Bewegung benutzt, um auf die Gemeinsamkeit aller Christen auf der Welt hinzuweisen. Die ökumenische Bewegung ist um eine weltweite Einigung und Zusammenarbeit aller christlichen Kirchen bemüht; in Deutschland wird häufig auch die Zusammenarbeit von katholischer und evangelischer Kirche (z. B. in gemeinsamen Gottesdiensten) ohne orthodoxe Mitwirkung als „ökumenisch" bezeichnet.

Suche nach der Einheit: die Ökumene 2/2

Erfolge und Schwierigkeiten

In Deutschland und auch in vielen anderen Ländern ist eine Zusammenarbeit der evangelischen Kirchen und der katholischen Kirche selbstverständlich geworden. So gibt es z. B. gemeinsame Gottesdienste und Bibellesungen. Auch Hochzeiten zwischen evangelischen und katholischen Partnern sind so selbstverständlich geworden, dass die meisten jüngeren Menschen kaum noch wissen, wie schwierig dies noch vor 50 Jahren war. Damals wurde der Unterschied zwischen den Kirchen noch so sehr betont, dass Hochzeiten zwischen Partnern, die aus den unterschiedlichen Kirchen kamen, viel seltener waren als heute. Im Regelfall musste einer der beiden Partner (meist der evangelische) in die Kirche des anderen Partners (also meist in die katholische) eintreten.

Viele Menschen verstehen heute die Gründe für die Trennung nicht mehr. Deshalb kritisieren sie, dass die Kirchenleitungen nicht noch mehr aufeinander zugehen. Denn diese betonen immer noch, besonders von katholischer Seite, manche Unterschiede im Glauben. So verweigert die katholische Kirche z. B. gemeinsame Abendmahlsfeiern mit anderen Kirchen.

Bischöfe der katholischen, der russisch-orthodoxen und der evangelischen Kirche feiern gemeinsam Gottesdienst.

AUFGABE

Überlege gemeinsam mit einem Partner, warum wohl viele Christen die Trennung der Kirchen für falsch halten. Was haltet ihr von dem Gedanken der Ökumene? Diskutiert eure Ergebnisse anschließend mit der ganzen Lerngruppe.

Suche nach der Einheit: die Ökumene 1/2

Jahrhundertelang stritten sich die Kirchen darum, wer den richtigen Glauben vertrat. Erst seit dem 19. Jahrhundert gab es, zunächst nur von evangelischer Seite, erste Versuche, die **Unterschiede zu überwinden.** Die ökumenische Bewegung hatte begonnen. 1925 regte der evangelische schwedische Bischof Nathan Söderblom die Weltkonferenz für praktisches Christentum in Stockholm an und 1927 fand die erste Weltkonferenz für Glaube und Kirchenverfassung statt, an der bis auf die Katholiken alle Konfessionen teilnahmen. Die katholische Kirche war damals noch der Meinung, dass sie allein die völlige christliche Wahrheit vertrete und dass deshalb Ökumene (siehe Infokasten auf der nächsten Seite) nur bedeuten könne, dass alle anderen Kirchen zur katholischen Kirche zurückkehren müssten.

Die Entwicklung in der katholischen Kirche

Erst ab etwa 1960 öffnete sich die katholische Kirche unter dem veränderungsbereiten **Papst Johannes XXIII.** Auf seine Anregung hin fand von 1962 bis 1965 das 2. Vatikanische Konzil (siehe Infokasten) statt. Erstmals erkannte die katholische Kirche auf diesem Konzil ihre **Mitschuld an den Kirchenspaltungen** an. Die anderen Konfessionen wurden nun als Kirchen anerkannt. Auch wurde die **Gemeinsamkeit aller Christen** gesehen und deshalb eine stärkere Zusammenarbeit gefordert.

Heute vielerorts selbstverständlich: Gottesdiensthinweisschilder werden gemeinsam aufgestellt.

INFO

Konzil: Eine Zusammenkunft von Kirchenführern, um über Glaubensfragen zu beraten und zu beschließen, wird Konzil genannt. In der katholischen Kirche gab es bislang 21 Konzile, bei denen alle Kirchenführer (Bischöfe) zusammengerufen wurden. Das bisher letzte Konzil war das 2. Vatikanische Konzil (1962–1965), das nach dem Ort, an dem es stattfand, benannt ist: dem Vatikan, dem Sitz des Papstes in Rom.

Die Position der orthodoxen Kirchen

Nach wie vor sehen die orthodoxen Kirchen die Ökumene mit großer **Skepsis.** Sie befürchten, dass der Glaube dadurch abnehmen könnte. Ein wichtiger Streitpunkt ist auch, dass die evangelischen Kirchen Frauen als Pfarrerinnen haben. In der Ablehnung von Frauen in der Leitung von Gemeinden haben die orthodoxen Kirchen wiederum eine Gemeinsamkeit mit der katholischen Kirche.

Suche nach der Einheit: die Ökumene 2/2

Erfolge und Schwierigkeiten

In Deutschland und auch in vielen anderen Ländern ist eine Zusammenarbeit der evangelischen Kirchen und der katholischen Kirche selbstverständlich geworden. So gibt es z. B. **gemeinsame Gottesdienste** und Bibellesungen. Viele Menschen verstehen auch die Gründe für die Trennung nicht mehr. Deshalb kritisieren sie, dass die Kirchenleitungen nicht noch mehr aufeinander zugehen. Denn diese betonen (besonders von katholischer Seite) immer noch manche Unterschiede im Glauben. So verweigert die katholische Kirche z. B. gemeinsame Abendmahlsfeiern mit anderen Kirchen. Auch die Auffassung der katholischen Kirche, dass nur (unverheiratete) Männer Priester werden dürfen, ist weiterhin ein gravierender Unterschied. Viele katholische Gläubige teilen aber heutzutage diese Positionen ihrer Kirche nicht mehr und fordern hier Veränderungen.

INFO

Ökumene: Die ganze bewohnte Welt wird mit dem griechischen Wort „Ökumene" bezeichnet. Deshalb wird dieser Begriff von der ökumenischen Bewegung benutzt, um auf die Gemeinsamkeit aller Christen auf der Welt hinzuweisen. Die ökumenische Bewegung ist um eine weltweite Einigung und Zusammenarbeit aller christlichen Kirchen bemüht; in Deutschland wird häufig auch die Zusammenarbeit von katholischer und evangelischer Kirche (z. B. in gemeinsamen Gottesdiensten) ohne orthodoxe Mitwirkung als „ökumenisch" bezeichnet.

Veränderte Bedingungen in Deutschland

Im heutigen Deutschland, wie auch in vielen anderen Ländern, ist die Unterscheidung in katholisch – evangelisch für viele Menschen kaum mehr von Bedeutung. Viele sind ohnehin längst keine praktizierenden Christen mehr. Aber auch die Gläubigen im engeren Sinne können die Glaubensunterschiede, die die Kirchenleitungen noch sehen, meist kaum oder gar nicht nachvollziehen. So sind die **Unterschiede** zwischen Katholiken und Evangelischen mehr und **mehr äußerlich:** Die Art der Gottesdienste ist unterschiedlich, wird aber kaum mit Glaubensunterschieden in Verbindung gebracht; manche Feiertage sind unterschiedlich usw. Die Wissenschaft spricht hier von einer Entkonfessionalisierung der Gesellschaft. Hierin sehen manche aber auch eine Aufgabe und eine Chance für die Kirchen: Sie sollten mehr das Gemeinsame sehen und die zentrale **Botschaft eines menschenfreundlichen Gottes in den Mittelpunkt** stellen – und dies durch menschenfreundliches Handeln auch zeigen.

AUFGABEN

1. **Überlege gemeinsam mit einem Partner, warum wohl viele Christen die Trennung der Kirchen für falsch halten. Was haltet ihr von dem Gedanken der Ökumene?**
   Diskutiert eure Ergebnisse anschließend mit der ganzen Lerngruppe.

2. **Arbeitet in Kleingruppen von drei bis fünf Schülern: Befragt christliche Mitschüler aus anderen Klassen oder auch Lehrer danach, warum sie einer bestimmten Konfession angehören, ob sie Glaubensunterschiede sehen, ob sie diese für wichtig halten etc. – Sicherlich fallen euch noch mehr Fragen für die Umfrage ein!**
   Wertet anschließend die Befragung aus, stellt eure Auswertung den anderen Gruppen vor und diskutiert gemeinsam über eure Ergebnisse. In welchen Punkten sind sich die meisten Befragten einig? Wo gibt es große Unterschiede? Gab es überraschende Antworten?

© Verlag an der Ruhr | Autor: Ulrich Bracht | ISBN 978-3-8346-2928-9 | www.verlagruhr.de

Christliches Denken über Gott

Der verborgene Gott

Dass Christen und Angehörige anderer Religionen an Gott glauben, scheint erst einmal selbstverständlich zu sein. Aber das Selbstverständlichste ist manchmal das Schwierigste. Wer oder was ist Gott? Das ist eine **unbeantwortbare Frage!**

Antworten auf die Frage nach Gott

Eine unbeantwortbare Frage? Hier werden viele jetzt sagen: Aber es gibt doch Antworten! Die Christen sagen doch, Gott sei der Schöpfer der Welt, er sei barmherzig, er liebe die Menschen und vielleicht anderes mehr. Aber das sind keine Antworten darauf, **wer Gott ist** – sie beschreiben vielmehr, **was gläubige Menschen denken,** was Gott für die Menschen und für die Welt tut.

Gott ist ein Geheimnis

Letztlich und abschließend kann kein Gläubiger sagen, wer Gott ist. Wenn man das könnte, wäre Gott nicht Gott. Denn nach der Überzeugung gläubiger Menschen ist Gott so viel größer als ein begrenzter Mensch, dass kein Mensch ihn wirklich verstehen kann. Christen sprechen davon, dass **Gott ein Geheimnis bleibt,** er bleibt also ein verborgener Gott.

Gott teilt sich nach dem Glauben der Christen mit

Woher nehmen Christen aber dennoch den Mut zu sagen, Gott sei barmherzig und liebe die Menschen? Christen glauben, dass die Bibel davon erzählt, was die Menschen mit Gott erlebt haben. Im Alten Testament ist das aufbewahrt in den Erzählungen von Abraham und den Propheten. Im Neuen Testament wird erzählt, was Jesus durch sein Leben und seine Botschaft endgültig über Gott vermittelt hat. So glauben Christen, was Gott für die Welt ist. Sie wissen aber auch, dass ihnen das reichen muss. Schon das erste der Zehn Gebote aus dem Alten Testament weist darauf hin, dass wenn Menschen sich Gott vorstellen, sich ein **Bild von ihm** machen, sie nicht Gott, sondern etwas **von Menschen Gemachtes** anbeten würden.

Das erste Gebot

„Dann sprach Gott alle diese Worte: Ich bin Jahwe, dein Gott, der dich aus Ägypten geführt hat, aus dem Sklavenhaus. Du sollst neben mir keine anderen Götter haben. Du sollst dir kein Gottesbild machen und keine Darstellung von irgendetwas am Himmel droben, auf der Erde unten oder im Wasser unter der Erde. Du sollst dich nicht vor anderen Göttern niederwerfen und dich nicht verpflichten, ihnen zu dienen."

(Exodus 20,1–5)

AUFGABE

Lies die Texte und auch das Zitat aus der Bibel aufmerksam durch.

a) Erkläre dann, warum sich Christen (und auch Juden) kein Bild von Gott machen dürfen.

b) Arbeitet in Kleingruppen von drei bis fünf Schülern: Besprecht eure Ergebnisse aus Aufgabe a) und diskutiert sie auch mit eurer ganzen Lerngruppe.

Der verborgene Gott

Dass Christen und Angehörige anderer Religionen an Gott glauben, scheint erst einmal selbstverständlich zu sein. Aber das Selbstverständlichste ist manchmal das Schwierigste. Wer oder was ist Gott? Das ist eine **unbeantwortbare Frage!**

Antworten auf die Frage nach Gott

Eine unbeantwortbare Frage? Hier werden viele jetzt sagen: Aber es gibt doch Antworten! Die Christen sagen doch, Gott sei der Schöpfer der Welt, er sei barmherzig, er liebe die Menschen und vielleicht anderes mehr. Aber das sind keine Antworten darauf, **wer Gott ist** – sie beschreiben vielmehr, **was gläubige Menschen denken,** was Gott für die Menschen und für die Welt tut.

Gott ist ein Geheimnis

Letztlich und abschließend kann kein Gläubiger sagen, wer Gott ist. Wenn man das könnte, wäre Gott nicht Gott. Denn nach der Überzeugung gläubiger Menschen ist Gott so viel größer als ein begrenzter Mensch, dass kein Mensch ihn wirklich verstehen kann. Christen sprechen davon, dass **Gott das absolute Geheimnis** sei, ein Geheimnis, das auf keine Art und Weise jemals gelüftet werden könne. Manche Christen gehen so weit, dass sie sagen, von Gott könne nur gesagt werden, **was er nicht ist,** aber keinesfalls, was er ist. So ist und bleibt er also der verborgene Gott.

Gott teilt sich nach dem Glauben der Christen mit

Woher nehmen Christen aber dennoch den Mut zu sagen, Gott sei barmherzig und liebe die Menschen? Christen glauben, dass die Bibel davon erzählt, was die Menschen mit Gott erlebt haben. Im Alten Testament ist das aufbewahrt in den Erzählungen von Abraham und den Propheten. Im Neuen Testament wird erzählt, was Jesus durch sein Leben und seine Botschaft endgültig über Gott vermittelt hat. So glauben Christen, was Gott für die Welt ist. Sie wissen aber auch, dass ihnen das reichen muss.

Das erste Gebot

„Dann sprach Gott alle diese Worte: Ich bin Jahwe, dein Gott, der dich aus Ägypten geführt hat, aus dem Sklavenhaus. Du sollst neben mir keine anderen Götter haben.
Du sollst dir kein Gottesbild machen und keine Darstellung von irgendetwas am Himmel droben, auf der Erde unten oder im Wasser unter der Erde. Du sollst dich nicht vor anderen Göttern niederwerfen und dich nicht verpflichten, ihnen zu dienen."

(Exodus 20,1–5)

AUFGABE

Lies die Texte und auch das Zitat aus der Bibel aufmerksam durch.

a) Erkläre dann das erste der Zehn Gebote aus dem Alten Testament.

b) Arbeitet in Kleingruppen von drei bis fünf Schülern: Besprecht eure Ergebnisse aus Aufgabe a) und diskutiert sie auch mit eurer ganzen Lerngruppe.

Vater, Sohn und Heiliger Geist

„Im Namen des Vaters, des Sohnes und des Heiligen Geistes." Diese Formel ist geradezu zum Kennzeichen für christliches Beten geworden. Oft wird kaum danach gefragt, was sie denn eigentlich bedeutet. Sie wird aber sowohl von manchen Christen als auch besonders von Angehörigen anderer Religionen infrage gestellt. Haben die Christen etwa drei Götter: den Vater, den Sohn und den Heiligen Geist? Dazu muss man die Lehre des Christentums genauer betrachten.

Menschwerdung Gottes

Jesus Christus wird im Neuen Testament oft als Sohn Gottes bezeichnet. In seinem Brief an die Philipper schreibt Paulus über Jesus Christus: „Er war Gott gleich, hielt aber nicht daran fest, wie Gott zu sein, sondern er entäußerte sich und wurde wie ein Sklave und den Menschen gleich. Sein Leben war das eines Menschen" (Philipper 2,6–7). Das ist die Grundlage dafür, dass die christliche Lehre besagt, dass Jesus Christus eine Erscheinungsweise des einen Gottes ist. Da Jesus auch ein richtiger Mensch war, treffen sich in ihm **Göttliches und Menschliches,** Himmel und Erde.

Dreifaltigkeit Gottes

Die christliche Lehre besagt aber darüber hinaus, dass neben den Vater und den Sohn noch eine weitere Erscheinungsweise Gottes tritt, der **Heilige Geist.** Diese drei sind Entfaltungen, eben Erscheinungsweisen, des einen Gottes. Daher wird der Begriff **„Dreifaltigkeit"** benutzt. Der Heilige Geist ist die lebensspendende Kraft Gottes.

Darstellung der Dreifaltigkeit in einer französischen Buchmalerei aus dem 15. Jahrhundert

Gefahr dieses Denkens

Die Idee von den drei **Erscheinungsweisen Gottes** kann leicht damit verwechselt werden, dass es statt eines Gottes drei Götter gäbe. Deshalb ist es auch eine wichtige christliche Aufgabe, immer wieder für moderne Menschen verständliche Formulierungen zu finden, die diesen Eindruck vermeiden.

AUFGABE

Lies den Text und beschreibe das Bild so genau wie möglich. Besprich anschließend mit einem Partner und dann mit der ganzen Lerngruppe, ob und warum (nicht) das Bild das im Text Gesagte gut wiedergibt.

→ *Hinweis:* Der Heilige Geist wird oft bildlich als Taube dargestellt.

 © Verlag an der Ruhr | Autor: Ulrich Bracht | ISBN 978-3-8346-2928-9 | www.verlagruhr.de

Vater, Sohn und Heiliger Geist 1/2

„Im Namen des Vaters, des Sohnes und des Heiligen Geistes." Diese Formel ist geradezu zum Kennzeichen für christliches Beten geworden. Oft wird kaum danach gefragt, was sie denn eigentlich bedeutet. Sie wird aber sowohl von manchen Christen als auch besonders von Angehörigen anderer Religionen infrage gestellt. Haben die Christen etwa drei Götter: den Vater, den Sohn und den Heiligen Geist?

Menschwerdung Gottes

Jesus Christus wird im Neuen Testament oft als Sohn Gottes bezeichnet. In seinem Brief an die Philipper schreibt Paulus über Jesus Christus: „Er war Gott gleich, hielt aber nicht daran fest, wie Gott zu sein, sondern er entäußerte sich und wurde wie ein Sklave und den Menschen gleich. Sein Leben war das eines Menschen" (Philipper 2,6–7). Das ist die Grundlage dafür, dass die christliche Lehre besagt, dass Jesus Christus eine Erscheinungsweise des einen Gottes ist. Da Jesus auch ein richtiger Mensch war, treffen sich in ihm **Göttliches und Menschliches**, Himmel und Erde. Dabei ist Jesus Christus nicht etwa ein „Halbgott", wie die Formulierung „Sohn Gottes" vermuten lassen könnte. Er ist vielmehr nach christlicher Lehre vollständig Gott und gleichzeitig vollständiger und wirklicher Mensch. Man spricht von zwei Naturen, die in dieser einen Person zusammenkämen. Damit wird auch ein **Paradox** formuliert: Der verborgene Gott ist identisch mit einem wirklichen Menschen. Das Geheimnis Gottes ist so auf die Erde gekommen.

Dreifaltigkeit Gottes

Die christliche Lehre besagt aber darüber hinaus, dass neben den Vater und den Sohn noch eine weitere Erscheinungsweise Gottes tritt, der **Heilige Geist**. Diese drei sind Entfaltungen, eben Erscheinungsweisen, des einen Gottes. Daher wird der Begriff **„Dreifaltigkeit"** oder auch „Trinität" benutzt. Der Heilige Geist ist die lebensspendende Kraft Gottes.

Darstellung der Dreifaltigkeit in einer französischen Buchmalerei aus dem 15. Jahrhundert

INFO

Paradox: Mit diesem Begriff wird eine Aussage bezeichnet, die scheinbar einen unauflöslichen Widerspruch enthält. Das muss nicht negativ gemeint sein, denn die Geschichte der Religionen und der Philosophie zeigt, dass manche Sachverhalte sinnvoll als Paradoxien formuliert werden.

Vater, Sohn und Heiliger Geist 2/2

Gefahr dieses Denkens

Die Idee von den **drei Erscheinungsweisen Gottes** könnte damit verwechselt werden, dass es statt eines Gottes drei Götter gäbe. Deshalb ist es eine wichtige christliche Aufgabe, immer wieder für moderne Menschen verständliche Formulierungen zu finden, die diesen Eindruck vermeiden. Die traditionelle christliche Lehre spricht von drei göttlichen Personen, wenn sie von Vater, Sohn und Heiligem Geist spricht. Im Altertum und im Mittelalter meinte aber „Person" etwas anderes als das, was wir heute unter „Person" verstehen – das damals Gemeinte lässt sich heute verständlicher als „Erscheinungsweise" übersetzen.

1 *Im Anfang war das Wort, /*
und das Wort war bei Gott, / und das Wort war Gott.
2 *Im Anfang war es bei Gott.*
3 *Alles ist durch das Wort geworden /*
und ohne das Wort wurde nichts, was geworden ist.
4 *In ihm war das Leben /*
und das Leben war das Licht der Menschen.
5 *Und das Licht leuchtet in der Finsternis /*
und die Finsternis hat es nicht erfasst.
6 *Es trat ein Mensch auf, der von Gott gesandt war; sein Name war Johannes.*
7 *Er kam als Zeuge, um Zeugnis abzulegen für das Licht, damit alle durch ihn zum Glauben kommen.*
8 *Er war nicht selbst das Licht, er sollte nur Zeugnis ablegen für das Licht.*
9 *Das wahre Licht, das jeden Menschen erleuchtet, / kam in die Welt.*
10 *Er war in der Welt /*
und die Welt ist durch ihn geworden, / aber die Welt erkannte ihn nicht.
11 *Er kam in sein Eigentum, /*
aber die Seinen nahmen ihn nicht auf.
12 *Allen aber, die ihn aufnahmen, /*
gab er Macht, Kinder Gottes zu werden, /
allen, die an seinen Namen glauben,
13 *die nicht aus dem Blut, /*
nicht aus dem Willen des Fleisches, / nicht aus dem Willen des Mannes, / sondern aus Gott geboren sind.
14 *Und das Wort ist Fleisch geworden /*
und hat unter uns gewohnt / und wir haben seine Herrlichkeit gesehen, / die Herrlichkeit des einzigen Sohnes vom Vater, / voll Gnade und Wahrheit.
[...]
18 *Niemand hat Gott je gesehen. Der Einzige, der Gott ist und am Herzen des Vaters ruht, er hat Kunde gebracht.*

(Johannes 1,1–14; 18)

AUFGABEN

1. **Lies den Text und beschreibe das Bild auf der ersten Seite so genau wie möglich. Besprich anschließend mit einem Partner und dann mit der ganzen Lerngruppe, ob und warum (oder warum nicht) das Bild das im Text Gesagte gut wiedergibt.**

   → *Hinweis:* Der Heilige Geist wird oft bildlich als Taube dargestellt.

2. **Arbeitet in Kleingruppen von drei bis fünf Schülern. Auch der Prolog, das oben abgedruckte „Vorwort" des Johannesevangeliums, trug entscheidend zu der christlichen Lehre bei, dass Jesus Christus Gott ist. Lest den Text und versucht gemeinsam mit euren eigenen Worten auszudrücken, was hier über Jesus Christus gesagt wird.**

Wie kann Gott das zulassen? 1/2

INFO

Wenn ein Unglück passiert, stellen sich Menschen immer wieder die Frage: Wie kann Gott das zulassen? Diese Frage ist völlig verständlich, wenn z. B. Menschen ermordet werden, wenn ein schrecklicher Krieg ausbricht oder ein geliebter Mensch an einer furchtbaren Krankheit leidet und stirbt.

Warum greift Gott dann nicht ein? Ist es nicht ungerecht, wenn Menschen, oft unverschuldet, leiden müssen oder sogar früh sterben? Wenn Gott gut und barmherzig ist, wie das Christentum es lehrt, warum lässt er dann solche Ungerechtigkeiten zu?

Fragen

Da hilft nur noch Beten! So denken auch heute noch viele (christliche) Menschen. Aber was ist, wenn auch das nicht hilft? Oft muss man die Erfahrung machen, dass auch durch Beten ein Unglück nicht abgewendet werden kann. Stellt sich Gott dann taub? Oder kann Gott gar nicht eingreifen? Wie passt das alles mit seiner Allmacht zusammen? Das sind Fragen, die Christen – und auch Gläubige anderer Religionen – bedrängen und die sie manchmal auch **zweifeln** lassen.

Ist Gott allmächtig?

Nach traditionellem christlichem Verständnis ist Gott allmächtig. Er hat die Erde und das Weltall erschaffen und kann auch in den Verlauf der Welt eingreifen, er hat eben uneingeschränkt alle Macht. Gott wird aber auch ohne jede Einschränkung als gut und barmherzig gedacht. Dass hier ein **Widerspruch** auftritt, liegt auf der Hand. Warum greift Gott nicht ein, wenn etwas Schreckliches passiert, wenn er doch alle Macht besitzt und ohne Wenn und Aber gut und barmherzig ist? Um auf solche Fragen Antworten zu finden, sind viele Überlegungen angestellt worden. Aber nach allen Antworten stellen sich weitere Fragen. Eine Übersicht über die wichtigsten Antwortversuche findet sich auf der folgenden Seite.

Abschließende Überlegungen

Wie deutlich zu sehen ist, ist die Frage „Wie kann Gott das zulassen?" das größte Problem für den christlichen – aber auch den jüdischen und den muslimischen – Glauben. Letztlich müssen wir uns eingestehen, dass diese Frage nicht beantwortbar ist.

Für viele Christen bleibt nur, vor dem Geheimnis Gottes zu schweigen und dennoch die Hoffnung nicht aufzugeben. Aus dieser Hoffnung leiten sie ihre Aufgabe ab, immer wieder gegen das Leid in der Welt anzukämpfen.

Wie kann Gott das zulassen? 2/2

INFO

Antwortversuche

1. Die zunächst am einfachsten erscheinende These ist: Es gibt gar keinen Gott. Bei tiefem Nachdenken stellt sich dann aber die Frage: Welchen Sinn hat dann das gesamte Leben? Welche Hoffnung haben dann die unschuldigen Opfer?

2. Manche hingegen beantworten die Frage damit, dass Gott die Menschen prüfen wolle. So könne sich der Mensch bewähren und reif im Glauben werden. Welche schreckliche Gottesvorstellung steckt aber letztlich hinter solch einer Überlegung? Jesus lehrte, dass man Gott wie einem Vater vertrauen könne – passt dazu ein menschlicher Vater oder auch eine Mutter, der oder die die eigenen Kinder auf solch furchtbare Weise prüft? Zumindest mit der christlichen Gottesvorstellung ist eine solche Sicht kaum vereinbar.

3. Eine weitere, zunächst logisch erscheinende Sicht ist, dass Gott die Menschen für ihre Schuld und ihre Verfehlungen bestrafe. Aber ist aus christlicher Sicht wirklich ein Gott vorstellbar, der sich rächt? Und: Rächt sich Gott auch an den unschuldig Leidenden? Bei einem tieferen Verständnis des Christentums ist auch diese Sicht völlig inakzeptabel, auch wenn manche Christen im Laufe der Geschichte immer wieder solche Überlegungen angestellt haben.

4. Gott habe den Menschen die Freiheit geschenkt, damit sie sich zwischen Gut und Böse entscheiden können. Verbrechen, Krieg, Ausbeutung und Unterdrückung entstünden durch die freie Entscheidung für das Böse. Der Mensch selbst sei also verantwortlich für vieles Schreckliche. Erklärbar sind so vielleicht viele durch den Menschen verursachte Leiden. Aber was ist mit dem Leid, das durch Naturkatastrophen entsteht? Hierfür bietet dieses Denken keine Lösung. Außerdem ist der Preis der Freiheit doch außerordentlich hoch: Was hat ein Mordopfer davon, dass sein Tod der Preis für die von Gott geschenkte Freiheit ist?

5. Auch für die eben erwähnten Naturkatastrophen gibt es einen Erklärungsversuch: Gott habe auch die Naturgesetze erschaffen und in diese greife er nicht ein. Aufgrund dieser Naturgesetze entstünden eben Naturkatastrophen, aber auch Krankheit und Tod des Menschen. Und wieder bleibt die Frage: Warum aber hat Gott die Naturgesetze so geschaffen, dass durch sie immer wieder schlimmstes Leid entsteht?

6. Viele Christen verweisen bei einem Antwortversuch auf Jesus: Der Gottessohn erlitt selbst das Schicksal eines unverschuldet Leidenden und Getöteten. Selbst er fühlte sich von Gott verlassen. So zeige er seine Solidarität mit den Menschen. Der Zustand der Verlassenheit, der Todesangst und schließlich sein Schicksal des Todes seien ja auch nicht das letzte Wort Gottes gewesen: Durch seine Auferstehung sei er und seien alle, die ihm folgen, vom Tod errettet worden. So sei schließlich das Todeszeichen des Kreuzes zum Rettungszeichen geworden. Jedoch muss auch hier nachgefragt werden: Warum musste Jesus, der ja nichts falsch gemacht hatte, überhaupt leiden und warum müssen auch seitdem immer noch viele Menschen ungerechte Leiden ertragen? Die Frage nach dem Leid vieler Menschen ist auch mit dem Hinweis auf die Solidarität Jesu längst nicht beantwortet.

AUFGABE

Diskutiert in einer Kleingruppe und dann auch mit der gesamten Lerngruppe, ob und inwiefern es nachvollziehbar ist, dass viele Christen ihren Glauben und ihre Hoffnung nicht aufgeben, obwohl die Frage „Wie kann Gott das zulassen?" letztlich nicht zu beantworten ist.

© Verlag an der Ruhr | Autor: Ulrich Bracht | ISBN 978-3-8346-2928-9 | www.verlagruhr.de

Die Zukunft des Christentums

Haben die Kirchen überhaupt noch eine Zukunft?

Die Kirchen befinden sich heute vor allem in weiten Teilen Europas in der **Krise.** Viele Menschen teilen den christlichen Glauben, den die Kirchen vermitteln, nicht mehr. So können selbst Menschen, die noch eine Beziehung zu einer der Kirchen haben, Glaubensinhalte wie die **Dreifaltigkeit Gottes nicht mehr nachvollziehen.** Eine zunehmende Anzahl an Menschen kennt kaum noch die biblischen Überlieferungen. Auch können immer mehr mit dem Glauben an ein Leben nach dem Tod nichts mehr anfangen. Die Folge ist, dass die Zahl der Kirchenmitglieder und vor allem auch derjenigen, die der Kirche noch nahestehen, immer mehr abnimmt.

Kinder in einer Kirche

Kirchen und moderne Welt

In der modernen Welt werden die Kirchen **oft als veraltet** angesehen. In unserer modernen, von Wissenschaften und Technik geprägten Gesellschaft scheint es keinen Platz mehr für die Kirchen zu geben. Viele Menschen kommen auch ganz gut ohne die Kirchen und Gott zurecht.

Kritk an den Kirchen

Besonders die katholische Kirche gerät häufig in den Mittelpunkt der Kritik. Dass ihre Priester nicht heiraten dürfen, versteht kaum noch jemand. Außerdem werden ihr **Prunksucht und Reichtum** vorgeworfen. Besonders schwerwiegend sind natürlich schwere Verfehlungen, wie sie im **Missbrauchsskandal** zutage traten, bei dem öffentlich wurde, dass eine nennenswerte Anzahl von Priestern Kinder missbraucht hatte. Die evangelischen Kirchen werden deutlich weniger kritisiert, dennoch fühlen sich auch ihnen immer weniger Menschen verbunden.

Gibt es eine Zukunft der Kirchen?

Wie wir gesehen haben, stehen die Kirchen vor sehr schweren Aufgaben. Um überhaupt eine Chance zum Überleben zu haben, muss es große Veränderungen geben. Zumindest gläubige Christen gehen davon aus, dass dies mit Gottes Hilfe gelingen wird!

AUFGABE

Diskutiert mit eurem Nachbarn und dann mit der gesamten Lerngruppe, ob ihr eine Zukunft für die Kirchen seht. Was, glaubt ihr, können die Kirchen tun, um wieder mehr Menschen für sich zu gewinnen? Findet außerdem Gründe dafür, ob Kirchen heute noch notwendig sind oder nicht.

© Verlag an der Ruhr | Autor: Ulrich Bracht | ISBN 978-3-8346-2928-9 | www.verlagruhr.de

Haben die Kirchen überhaupt noch eine Zukunft?

Die Kirchen befinden sich heute vor allem in weiten Teilen Europas in der **Krise.** Viele Menschen teilen den christlichen Glauben, den die Kirchen vermitteln, nicht mehr. So können selbst Menschen, die noch eine Beziehung zu einer der Kirchen haben, Glaubensinhalte wie die **Dreifaltigkeit Gottes nicht mehr nachvollziehen.** Eine zunehmende Anzahl an Menschen kennt kaum noch die biblischen Überlieferungen. Auch können immer mehr mit dem Glauben an ein Leben nach dem Tod nichts mehr anfangen. Die Folge ist, dass die Zahl der Kirchenmitglieder und vor allem auch derjenigen, die der Kirche noch nahestehen, immer mehr abnimmt.

Kinder in einer Kirche

Kirchen und moderne Welt

In der modernen Welt werden die Kirchen **oft als veraltet** angesehen. In unserer modernen, von Wissenschaften und Technik geprägten Gesellschaft scheint es keinen Platz mehr für die Kirchen zu geben. Wissenschaftliche Erkenntnisse wie die der Evolutionstheorie scheinen der biblischen Überlieferung zu widersprechen. Allerdings muss auch festgestellt werden: Katholische und evangelische Kirche sind sich heute einig darin, dass es keinen Widerspruch zwischen Wissenschaft und christlichem Glauben gibt. Die Bibel will z. B. nicht berichten, wie die Welt entstanden ist, sondern in bildhaften Erzählungen von dem Glauben erzählen, dass Gott die Welt erschaffen hat. Deshalb gibt es nach dieser Sicht auch keinen Widerspruch zwischen dem christlichen Glauben und der Evolutionstheorie.

Die heutigen Menschen erleben viel stärker als früher, dass es verschiedene Religionen und ganz unterschiedliche Gottesvorstellungen gibt. Das führt dazu, dass der eigene Glaube stärker hinterfragt wird.

Kritk an den Kirchen

Besonders die katholische Kirche gerät häufig in den Mittelpunkt der Kritik. Dass ihre Priester nicht heiraten dürfen, versteht kaum noch jemand. Außerdem werden ihr **Prunksucht und Reichtum** vorgeworfen. Besonders schwerwiegend sind natürlich schwere Verfehlungen, wie sie im **Missbrauchsskandal** zutage traten, bei dem öffentlich wurde, dass eine nennenswerte Anzahl von Priestern Kinder missbraucht hatte. Die evangelischen Kirchen werden deutlich weniger kritisiert, dennoch fühlen sich auch ihnen immer weniger Menschen verbunden.

AUFGABEN

1. **Nimm schriftlich dazu Stellung, ob du einen Widerspruch zwischen der biologischen Evolutionstheorie von der Entstehung und Veränderung der Arten nach Charles Darwin und der biblischen Schöpfungsgeschichte siehst und warum (oder warum nicht).**
2. **Diskutiere mit deinem Nachbarn und dann mit der gesamten Lerngruppe, ob ihr eine Zukunft für die Kirchen seht.**

Eine mögliche Zukunft des Christentums? (1/2)

INFO

Das Christentum hat in den knapp 2000 Jahren seines Bestehens schon viele Krisen durchgestanden. Die meisten Christen gehen davon aus, dass dies auch in der Gegenwart und der Zukunft gelingen wird. Das Christentum wird sich aber verändern, darüber sind sich zumindest die meisten Christen im Klaren.

Der Einfluss der nichteuropäischen Christen

In Europa wird der Anteil der Christen an der Gesamtbevölkerung kleiner werden, während ihre Zahl in anderen Teilen der Welt eher weiter wächst. Das wird dazu führen, dass der Einfluss der Christen aus (Süd-)Amerika, Afrika und Asien größer wird. Das zeigte sich in der katholischen Kirche schon bei der letzten Papstwahl, als der Argentinier Jorge Mario Bergoglio (als Papst Franziskus) zum ersten Papst gewählt wurde, der nicht aus Europa kommt.

Einsatz für die Menschenrechte

Christen wie Nichtchristen erwarten zu Recht, dass sich die christlichen Kirchen noch mehr für die Menschenrechte und für Frieden einsetzen. Die Kirchen gewinnen an Glaubwürdigkeit und Attraktivität, wenn sie dies tun. Dazu gehört sicherlich, dass sie ihre Stimme erheben, wenn Menschen ungerecht behandelt und unterdrückt werden oder sogar deren Leben bedroht ist. Ebenso gehört aber auch dazu, dass die Kirchen ihre eigene Schuld anerkennen und daraus Veränderungen ableiten. Das beginnt mit der Ungleichbehandlung von Frauen besonders in der katholischen Kirche und in den orthodoxen Kirchen, in denen nur Männer Leitungsämter innehaben. Oft haben Kirchen in der Geschichte aber auch mit ungerechten Machthabern zusammengearbeitet. Stehen die Kirchen zu ihrer Schuld, wird dies sicherlich zu notwendigen Veränderungen führen.

Die bekannte, riesige Christusstatue in Rio de Janeiro, Brasilien

Das Verhältnis der Kirchen untereinander

Von großer Wichtigkeit ist auch, dass die Kirchen sich gegenseitig als gleichwertig anerkennen. Nur so können sie deutlich machen, dass sie alle sich für dieselbe Sache einsetzen. Keine Kirche darf sich den anderen Kirchen überlegen fühlen und sich im alleinigen Besitz des wahren Glaubens wähnen.

Das Verhältnis des Christentums zu anderen Religionen

Christen fühlten sich oft als die, die den wahren Glauben vertreten. Es gibt sicher wichtige Unterschiede zwischen den Religionen. Dennoch sollte sich keine Religion anmaßen zu glauben, sie hätte die volle Wahrheit über Gott oder das Göttliche erkannt. So sollten zunächst die Gemeinsamkeiten in den Vordergrund gestellt werden. Das gilt nicht nur, aber besonders für die jüdische Religion, denn Jesus war bis zu seinem Lebensende Jude.

© Verlag an der Ruhr | Autor: Ulrich Bracht | ISBN 978-3-8346-2928-9 | www.verlagruhr.de

Eine mögliche Zukunft des Christentums? (2/2)

INFO

Verzicht auf Reichtum und Macht

Die Kirchen, besonders die katholische Kirche, waren und sind oft reich und oft genug auch mächtig. Wenn sie dem Vorbild Jesu Christi folgen, der sich als Armer für die Armen einsetzte, können sie seine Botschaft glaubwürdiger vertreten. In jedem Fall muss eine Kirche, die eine sinnvolle Zukunft haben will, sich **immer auf die Seite der Armen und Unterdrückten stellen.**

Konzentration auf das Wichtigste

Vieles, was Denker in den vergangenen Jahrhunderten bis heute in Bezug auf den christlichen Glauben überlegt und geschrieben haben, wird heute von den meisten Menschen kaum mehr verstanden. Demgegenüber ist die Botschaft Jesu recht einfach: **Gott liebt die Menschen, ohne von ihnen irgendeine Vorleistung zu erwarten.** Daraus leitet sich auch ab, wie Christen sich anderen Menschen und der ganzen Welt gegenüber verhalten sollten. Da alle Menschen und die ganze Welt nach dem Glauben der Christen von Gott geliebt werden, **müssen Christen auch das Beste für ihre Mitmenschen und ihre Umwelt wollen.** Christen müssen nicht auf alle ihre Traditionen und auf all ihr über Jahrhunderte entwickeltes Denken über Gott verzichten, aber deutlich machen, dass es letztlich „nur" um diese einfache Botschaft Jesu geht. Dabei sollten sie **tolerant** sein und auch andere Denkmöglichkeiten über das Geheimnis Gottes zulassen.

Wie könnte das Christentum der Zukunft nun also aussehen?

Aus den vorangegangenen Überlegungen lässt sich zusammenfassen, wie ein Christentum der Zukunft aussehen könnte:

Es ist ein Christentum, das ...

1. vor allen Dingen die **Botschaft Jesu** verkündet, wie sie im Neuen Testament überliefert ist;
2. sich deshalb immer und überall für die **Menschenrechte** einsetzt;
3. die **Gemeinsamkeiten** zwischen den unterschiedlichen Kirchen und Religionen betont.

Christen gehen davon aus, dass die Botschaft Jesu für Menschen zu allen Zeiten so attraktiv ist, dass auch immer wieder Menschen ihr Leben danach ausrichten werden.

Kirche²
Eine ökumenische Bewegung.

Auf der gemeinsamen Suche nach der Kirche der Zukunft: die ökumenische Bewegung Kirche² (www.kirchehochzwei.de)

AUFGABEN

1. **Diskutiert mit eurer gesamten Lerngruppe, ob ihr die im Text geäußerte Zukunftsperspektive für das Christentum für überzeugend haltet und warum (oder warum nicht).**
2. **Sammelt außerdem eigene Vorschläge, wie die christlichen Kirchen „am Ball bleiben" und auch in unserer modernen Gesellschaft für ihre Anhänger attraktiv bleiben (oder wieder werden) können. Was würdet ihr euch von den Kirchen wünschen?**

Lösungen

Hintergrundinformationen zum Christentum

Das christliche Grundgebet: das Vaterunser

(S. 16)

Aufgabe 2: In der Fassung des Lukasevangeliums fehlen die Bitten „dein Wille geschehe ..." und „erlöse uns von dem Bösen" und schließlich „Denn dein ist das Reich und ...". Welche Vermutungen die Schüler über die Gründe dafür anstellen, kann hier kaum vorweggenommen werden, ein kurzer Lehrerimpuls ist aber durchaus hilfreich: Die Evangelien sind einige Jahrzehnte nach Jesu Tod entstanden, sie haben eine mündliche und eine schriftliche Vorgeschichte (siehe auch S. 34 ff. „Warum gibt es vier Evangelien?"). So kann ein historisches Verständnis zumindest vorbereitet werden.

Weltreligionen im Vergleich

Abraham in Judentum, Christentum und Islam

(S. 19)

Aufgabe 2: Die Erzählung von Abraham reflektiert die Entstehung des Monotheismus, der für die drei Religionen das entscheidende Merkmal ist. Außerdem wird deutlich, dass Abraham der Stammvater aller drei Religionen ist, sie also eine gemeinsame Wurzel haben.

Mögliches Schaubild:

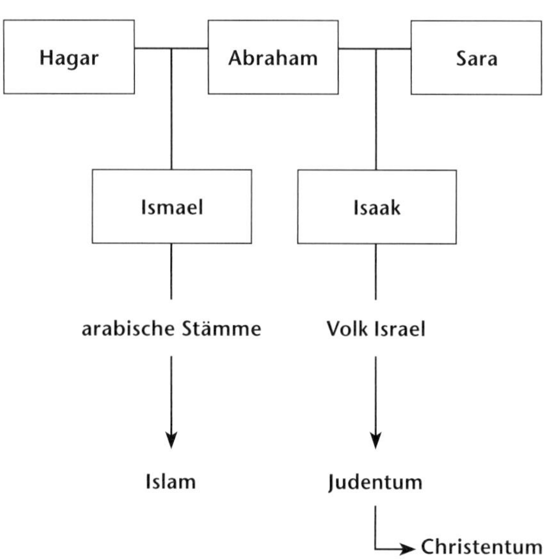

(S. 20)

Aufgabe 2: siehe Niveau I, Aufgabe 2.

Aufgabe 3: Hier sollten genannt werden: Gottes Ruf an Abraham, seine einschneidende Entscheidung, dem Ruf zu folgen; die Wanderung nach Ägypten; die Auseinandersetzung mit Lot und Gottes Verheißung an Abraham; der Bundesschluss – die Beschneidung als Bundeszeichen; die Geburt der Kinder Ismael und Isaak.

Christentum und Judentum: ein besonderes Verhältnis

(S. 22)

Aufgabe 1: Paulus appelliert an die Christen, dass sie sich immer darüber im Klaren sein sollen, dass das Christentum auf dem Fundament des Judentums entstanden ist. Ohne die religiösen Vorstellungen des Judentums, die Jesus teilte, ist das Christentum nicht vorstellbar. Deshalb ging auch die Heilige Schrift der Juden als Altes Testament in die christliche Bibel ein. Letztendlich lässt sich der Satz so deuten, dass es ohne das Judentum kein Christentum gäbe, aber sehr wohl das Judentum ohne das Christentum.

Das Christentum als universale Religion

(S. 23)

Aufgabe 1: Die Schüler sollen eine Einteilung in erstens die Gruppe der universalen Religionen – Christentum, Islam und Buddhismus – und zweitens der vorwiegend auf ein Volk bezogenen Religionen – Hinduismus und Judentum – vornehmen.

Aufgabe 2: Das Christentum ist eine „universale Religion", weil ihm Menschen verschiedener Länder und Völker angehören.

(S. 24)

Aufgabe 2: Mögliche Thesen:
- Andere Völker interessieren sich auch für die Botschaft dieser Religion.
- Vom eigenen Volk wird der jeweilige Religionsgründer nicht anerkannt und deshalb wenden er oder seine Nachfolger sich an andere Völker.
- Die jeweilige Religion missioniert unter anderen Völkern.

Die Rolle der Frau in Christentum und Islam

(S. 25)

Aufgabe 1: Das Cluster könnte beispielsweise wie folgt aussehen:

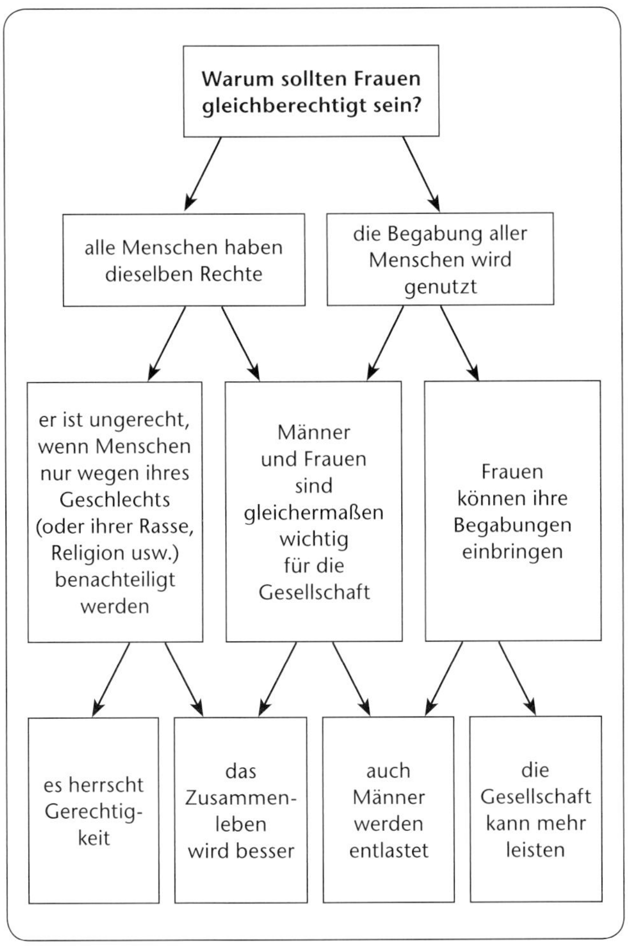

Die Bibel als Heilige Schrift des Christentums

Die Bibel als Bibliothek

INFO (S. 28)

Aufgabe 1: Die Bibel besteht aus einer Vielzahl unterschiedlicher Bücher, daher kann man sie im übertragenen Sinne durchaus als „Bibliothek" bezeichnen. Andererseits ist das Themengebiet, anders als bei den meisten „richtigen" Bibliotheken, auf Religiöses eingeschränkt – damit wäre die Bibel sozusagen eine „Fachbibliothek".

Das Alte Testament – die hebräische Bibel

(S. 29)

Aufgabe 1: *Gen 1,1–2,2* = Genesis, Kapitel 1, Vers 1 bis Kapitel 2, Vers 2; *Ex 31,1–15* = Exodus, Kapitel 31, Verse 1 bis 15; *Jes 43,1–27* = Jesaja, Kapitel 43, Verse 1 bis 27.

Aufgabe 2b: Man kann durch Abkürzungen schneller schriftlich auf eine Textstelle verweisen, ohne jedes Mal den vollständigen Titel des Buches und die Kapitel zu benennen.

(S. 31)

Aufgabe 1: Siehe Niveau I, Aufgabe 1.

Aufgabe 2b: Siehe Niveau I, Aufgabe 2b.

Aufgabe 3: *Genesis 1,1–2,2:* Hier wird in zwei Schöpfungsberichten von der Entstehung der Erde erzählt. *Exodus 31,1–15:* Ein Bericht über die Herstellung und Beschaffenheit von Geräten für den Gottesdienst und das Sabbatgebot sind hier festgehalten. *Jesaja 43,1–27:* Themen dieses Abschnitts sind ermutigende Zusagen an das Volk Israel, die Betonung, dass Gott der einzige Retter sei – auch indem an die Wüstenwanderung Israels aus Ägypten in das gelobte Land erinnert wird – und die Gnade Gottes trotz der Schuld Israels.

Das Neue Testament

(S. 33)

Aufgabe 1: Zunächst wurden die Schriften des Neuen Testaments unabhängig voneinander in unterschiedlichen Gemeinden benutzt. Dann aber gab es verschiedene Versuche, sie in einer Textsammlung zu vereinigen.

Warum gibt es vier Evangelien?

(S. 36)

Aufgabe 2a: Da sich die Textstelle nicht im Markusevangelium findet, aber sowohl im Matthäus- wie im Lukasevangelium, entstammt sie der Redequelle Q.

Aufgabe 2b: Es muss sich hierbei um Sondergut des Matthäus handeln.

Aufgabe 2c: Die ursprüngliche Quelle muss das Markusevangelium sein, da sich der Text in allen drei synoptischen Evangelien findet.

Die Briefe des Neuen Testaments

(S. 37)

Aufgabe 2: Hier handelt es sich um eine recht frühe Präexistenzaussage (sprich: Jesus Christus hat nach dieser Vorstellung immer schon, von Ewigkeit her, zusammen mit dem Vater existiert). Der christliche Glaube an einen allmächtigen Gott, der sich zur Rettung der Menschen erniedrigt und sich dem Tod anheimgibt, wird hier grundgelegt.

Aufgabe 3: Bei der Eingangsaufforderung wird auf die Verpflichtung der Christen zu gegenseitiger Barmherzigkeit und Liebe hingewiesen.

(S. 38)

Aufgabe 2 und 3: Siehe Niveau I, Aufgabe 2 und 3.

Die Offenbarung des Johannes

INFO (S. 40)

Aufgaben 1 und 2: Es wird deutlich, dass das Bild sich wortgetreu an den Bibeltext hält. Der Menschensohn ist thronend auf einem doppelten Regenbogen zu sehen. Die Leuchter stehen in einer fast symmetrischen Ordnung. Vor dem Menschensohn kniet Johannes.

Feste und Feiertage im Christentum

Passionszeit und Ostern

(S. 43)

Aufgabe 3a und b: Deutlich wird auf dem Bild das Erschrecken der Menschen am leeren Grab angesichts der Auferstehung. Interessanterweise wurden aber nicht die Frauen als erste Zeugen der Auferstehung gemalt, sondern Männer. Auch das könnte im Unterrichtsgespräch thematisiert werden.

(S. 45)

Aufgabe 2: Siehe Niveau I, Aufgabe 3.

Das christliche Menschenbild

Jesus Christus als der vollkommene Mensch

(S. 51)

Aufgabe a: Hier kann Unterschiedliches thematisiert werden: Jeder kann selbst einmal Außenseiter werden und würde sich dann freuen, integriert zu werden; weil jeder Mensch (Be-)Achtung verdient. Auch religiöse Begründungen – jeder Mensch ist von Gott geliebt – sind möglich. Außenseiter können mit einbezogen werden, indem man sie an gemeinschaftlichen Aktionen o. Ä. teilhaben lässt.

(S. 52)

Aufgabe 1: Die Zitate verweisen auf wesentliche Inhalte der christlichen Botschaft. Die Ausgestoßenen sind die ersten Adressaten der Verkündigung Jesu.
Das zweite Zitat richtet sich gegen die Selbstgerechtigkeit, zu der Menschen oft tendieren.

Maria, die Mutter Jesu

(S. 53)

Aufgabe a: Wichtig sind hier vor allem die Verheißung der Geburt Jesu durch den Engel Gabriel („Er wird groß sein und Sohn des Höchsten genannt werden"), das Magnifikat (Lukas 1,45–55), dann die bekannte Weihnachtsgeschichte (Lukas 2,1–20) und auch die Verse 2,21–22, denn in ihnen wird deutlich, dass Jesus Jude ist.

(S. 55)

Aufgabe 1: Genannt werden sollten:

- Demut und Gottvertrauen
- Maria als Gottesmutter
- Ersatz für Göttinnen im Mittelalter: Vorstellung einer gnädigen und immer hilfreichen Gottesmutter
- Maria als jüdische Frau (Gegensatz zur „Arisierung" Jesu)
- Kraftquelle für den Widerstand gegen Unterdrückung

Aufgabe 2: Der Beitrag vertieft die in Aufgabe 1 erarbeiteten Aspekte.

Lösungen

Jesus Christus – Mitte des christlichen Glaubens

Was können wir über Jesus wissen?

(S. 60)

Aufgabe 1: Das Entscheidende bei Jesus ist seine Botschaft. Es geht ihm vor allem darum, einen vorbehaltlos liebenden Gott darzustellen. Demgegenüber sind biografische Details nebensächlich, da sie nicht sein zentrales Anliegen widerspiegeln.

Aufgabe 3: Er kümmert sich um die Menschen wie ein guter Hirte um seine Schafe. Eigentlich ist mit dem Bild des guten Hirten bei Jesus Gott gemeint. Dieses Bild wird aber hier auf Jesus selbst übertragen.

(S. 61)

Aufgabe 1 und 2: Siehe Niveau I, Aufgaben 1 und 3.

Zentrale Botschaft: die Verkündigung des Reiches Gottes

(S. 62)

Aufgabe 1: Wenn Menschen Nächstenliebe praktizieren, ist ansatzweise zu spüren, was Christen über das Reich Gottes glauben: dass es ein Reich des Friedens und der Liebe ist.

(S. 63)

Aufgabe 1: Zum ersten Teil der Aufgabe: siehe Niveau I, Aufgabe 1; zum zweiten Teil: Menschen können nach dem Glauben der Christen nicht aus eigener Kraft Frieden und Liebe schaffen, Liebe ist immer ein Geschenk.

Aufgabe 2: In dem Schaubild sollten – wie Theologen sagen – das „Schon" und das „Noch-Nicht" des Reiches Gottes deutlich werden. Eine mögliche Skizze könnte wie folgt aussehen.

Gleichnisse Jesu

(S. 64)

Aufgabe 2a: Das Gleichnis macht deutlich, dass Gott besonders die in Not geratenen Menschen liebt und sie vorbehaltslos als immer geliebte Kinder annimmt.
Aufgabe 2b: Das Bild zeigt deutlich diesen guten Vater und auch die skeptische Umgebung. Es wird mit einem deutlichen Hell-Dunkel-Kontrast gearbeitet, der zeigt, dass das Erbarmen, die Liebe und die Gnade Gottes Licht in die Dunkelheit der Welt bringen.

Wunder und Zeichen Jesu

(S. 69)

Aufgabe 2: Es sollte deutlich werden, dass die Wunder Jesu Zeichen für die Nähe Gottes und damit für den Anbruch des Reiches Gottes sind.

(S. 71)

Aufgabe 2: Siehe Niveau I, Aufgabe 2.
Aufgabe 3: Das Reich Gottes hat nach dem Glauben der Christen mit Jesus Christus bereits begonnen. Das Zeugnis seiner wohltuenden Nähe in den Evangelien spricht davon.

Auferstehung

(S. 75)

Aufgabe a: Die Auferstehung wird gewaltig dargestellt. Die Grabwächter liegen niedergestreckt vor der ungeheuren Lichtfülle des Ereignisses. Das Bild hat etwas Triumphales, das sich im Text so nicht widerspiegelt.

(S. 77)

Aufgabe 1: Siehe Niveau I, Aufgabe a).

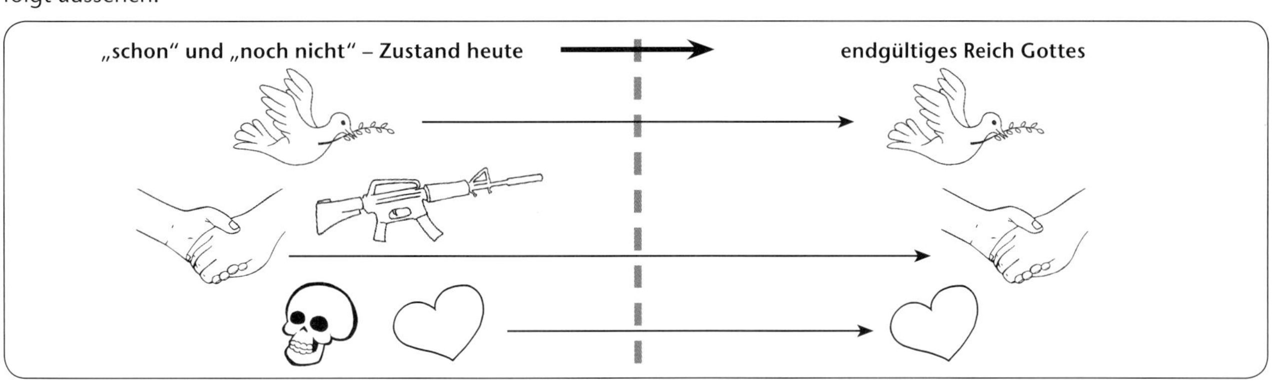

Lösungen

Jesus als Zentrum des christlichen Glaubens

INFO (S. 80)

Aufgabe 1: Jesu wird in der christlichen Tradition mit Gott identifiziert, das wird auch in diesem Bild deutlich. Jesus, der nach dem Johannesevangelium das Wort Gottes ist, spricht und tut, was Gott spricht und tut: Deshalb wird er in der christlichen Tradition häufig ebenfalls als guter Hirte bezeichnet.

Jesus in Bibel und Koran

(S. 83)

Aufgabe 1:

Gemeinsamkeiten	Unterschiede
Gemeinsam ist Bibel und Koran die Hochschätzung Jesu. Jesus wird im Koran sogar als Messias bezeichnet.	Allerdings kritisiert der Koran die Sicht der Christen, dass Jesus der Sohn Gottes und als Teil der Dreifaltigkeit sogar Gott selbst sei.

(S. 85)

Aufgabe 1: Siehe Niveau I, Aufgabe 1. Außerdem Vertiefung bei den „Unterschieden":
Die Sicht auf Jesus ist auch durch ein unterschiedliches Verständnis der heiligen Schriften geprägt: Im Christentum kann der Glaube an Jesus Christus historisch-kritisch erforscht werden, während dies für den Koran aus islamischer Sicht nicht möglich ist.

Christliche Konfessionen

Die römisch-katholische Kirche

(S. 97)

Aufgabe 2: Die „bunte" Frömmigkeit der katholischen Kirche macht sie volksnäher und anschaulicher. Andererseits kann das auch in bloße Folklore oder schlimmer noch in Aberglauben münden. Die genannten Länder sind deutlich stärker von einer rein katholischen Tradition geprägt. Zurzeit sind die Tendenzen zur Entkirchlichung der Gesellschaft in Deutschland noch stärker als in den aufgeführten Ländern.

Die reformatorischen Kirchen

(S. 100)

Aufgabe 2: Wirklicher Glaube kann sich nur entwickeln, wenn jeder auch frei ist, ihn abzulehnen. Glaube lässt sich nicht vorschreiben oder erzwingen.

(S. 102)

Aufgabe 2: Nur wenn Menschen sich frei entscheiden können, kann echter Glaube entstehen – wie auch ein demokratisches Miteinander nur in freier Wahl entstehen kann. Freie und geheime Wahlen mit individuellen Entscheidungsmöglichkeiten sind ein Grundpfeiler der Demokratie.

Suche nach der Einheit: die Ökumene

(S. 104)

Aufgabe: Es könnte genannt werden: Alle Christen glauben im Wesentlichen an das Gleiche, sie verstehen die Unterschiede nicht mehr; die Trennung widerspricht der Botschaft Jesu u. a.

(S. 106)

Aufgabe 1: Siehe Niveau I.

Christliches Denken über Gott

Vater, Sohn und Heiliger Geist

(S. 110)

Aufgabe: Auf dem Bild sind Vater, Sohn und Heiliger Geist in enger Verbindung dargestellt. So soll die auch im Text dargestellte Zusammengehörigkeit ausgedrückt werden.

(S. 112)

Aufgabe 1: Siehe Niveau I.

Aufgabe 2: Im Johannesprolog wird eine klare Präexistenzaussage gemacht, denn Jesus Christus hat nach diesen Worten immer schon zusammen mit dem Vater existiert. Deutlich wird das Gottsein Jesu Christi formuliert und seine „Aufgabe" wird dargestellt: das Wort Gottes zu offenbaren.

Quellen und Medientipps

Literatur

Boff, Leonardo:
Kleine Sakramentenlehre
Patmos, 18. Aufl. 2010
ISBN 978-3-49177-054-6

Boff, Leonardo:
Mein Glaube: Christsein in einem neuen Zeitalter
Herder, 2013
ISBN 978-3-45132-685-1

Diße, Andreas:
Die Bibel
Stark, 2015
ISBN 978-3-89449-527-5

Drewermann, Eugen:
Wendepunkte oder Was eigentlich besagt das Christentum?
Patmos, 2014
ISBN 978-3-8436-0540-3

Falter, Sabine:
Themenhefte Religion: Martin Luther und die Reformation
Verlag an der Ruhr, 2015
ISBN 978-3-8346-2773-5

Falter, Sabine:
Themenhefte Religion: Symbole im Christentum
Verlag an der Ruhr, 2014
ISBN 978-3-8346-2632-5

Fitzen, Anja:
Wie die Bibel entstanden ist –
Ein Stationenlernen in zwei Differenzierungsstufen
Verlag an der Ruhr, 2013
ISBN 978-3-8346-2339-3

Frisch, Hermann-Josef:
Lexikon des Christentums
Patmos, 2005
ISBN 978-3-491-79746-8

Halbfas, Hubertus:
Die Bibel – kommentiert und erschlossen
Patmos, 6. Aufl. 2010
ISBN 978-3-49170-334-6

Quellen und Medientipps

Halbfas, Hubertus:
Das Christentum – kommentiert und erschlossen
Patmos, 2004
ISBN 978-3-49170-377-3

Halbfas, Hubertus:
Der Glaube – kommentiert und erschlossen
Patmos, 2010
ISBN 978-3-49172-563-8

Halbfas, Hubertus:
Glaubensverlust – Warum sich das Christentum neu erfinden muss
Patmos, 2011
ISBN 978-3-8436-0100-9

Halbfas, Hubertus:
Religiöse Sprachlehre
Patmos, 2012
ISBN 978-3-8436-0206-8

Kaldewey, Rüdiger; Niehl, Franz W.:
Grundwissen Religion.
Begleitbuch für Religionsunterricht und Studium
Kösel, 3. Aufl. 2009
ISBN 978-3-466-36810-5

Küng, Hans:
Das Christentum. Die religiöse Situation der Zeit
Piper, 1999
ISBN 978-3-492-22940-1

Küng, Hans:
Christ sein
Piper, 6. Aufl. 1993
ISBN 978-3-492-21736-1

Sigg, Stephan:
„Alle Christen sind …" – 50 Fragen zum Christentum
Verlag an der Ruhr, 2011
ISBN 978-3-8346-0879-6

Trutwin, Werner:
Die Weltreligionen. Arbeitshefte für die Sekundarstufe II.
Religion – Ethik – Philosophie: Christentum
Patmos, 1999
ISBN 978-3-491-75632-4

Internet

- www.planet-wissen.de/kultur_medien/religion/christentum/
  → Diese Seite wurde von Planet Wissen, einem Gemeinschaftsprojekt der Fernsehsender WDR, SWR und Alpha, bereitgestellt und enthält gute Grundinformationen zu unserem Thema.

- www.planet-wissen.de/kultur_medien/religion/jesus_von_nazareth/index.jsp
  → Auch diese Seite ist von Planet Wissen und bietet Informationen zu Jesus von Nazareth.

- www.kidsweb.de/religionen_spezial/christentum/christentum_sachtext.html
  → Hier wird kindgerecht Wissenswertes, teilweise etwas traditionell, über das Christentum vermittelt.

- www.hanisauland.de/lexikon/c/christentum.html
  → Die Bundeszentrale für politische Bildung informiert ebenfalls kurz und sachlich über unser Thema.

- www.medienwerkstatt-online.de/lws_wissen/?level=3&kategorie_1=Mensch+und+Gemeinschaft&kategorie_2=Religionen+der+Welt&kategorie_3=Christentum
  → Hier kann man sich recht umfassend zu verschiedenen Wissensgebieten rund um das Christentum informieren.

- www.heiligenlexikon.de/Glossar/Unterschiede_der_Konfessionen.htm
  → Der evangelische Pfarrer Tobias Schäfer hat auf seiner Seite mit dem Titel „Das ökumenische Heiligenlexikon" eine gute Übersicht über die großen christlichen Konfessionen zusammengestellt.

Bildnachweise

S. 1 l. © Bill Perry | Fotolia.com, r. © Luftbildfotograf | Fotolia.com, S. 9 l. © monropic | Fotolia.com, r. © chocolatto | Photocase, S. 12 © akg-images | Günter Lachmuth, S. 13 o. © akg-images, u. © picture alliance | Eibner Pressefoto, S. 15 © lagom | Fotolia.com, S. 17 l. rrodrickbeiler | Fotolia.com, r. zatletic | Fotolia.com, S. 18 Symbol Buddhismus © liotru | Fotolia.com, S. 19 Eigene Darstellung VadR/www.qpunkt.eu, S. 20 Eigene Darstellung VadR/www.qpunkt.eu, S. 21 o. © akg-images | Bible Land Pictures/Jerusalem Photo by: Z.R, u. © Anne Katrin Figge | Fotolia.com, S. 22 © akg-images | Bible Land Pictures/Jerusalem Photo by: Z.R, S. 23 © akg-images, S. 24 © akg-images, S. 27 l. © akg-images, r. © Friedberg | Fotolia.com, S. 28 © akg-images, S. 29 © akg-images, S. 30 © akg-images, S. 31 © Friedberg | Fotolia.com, S. 32 © akg-images | Erich Lessing, S. 33 © akg-images | Erich Lessing, S. 36 © akg-images, S. 37 © akg-images, S. 39 © akg-images | bilwissedition, S. 41 l. © Stefan Gräf | Fotolia.com, r. © akg-images, S. 42 © akg-images | François Guénet, S. 43 © akg-images | Rabatti-Domingie, S. 44 © akg-images | François Guénet, S. 45 © akg-images | Rabatti-Domingie, S. 46 © akg-images, S. 47 © akg-images | André Held, S. 49 beide © akg-images, S. 50 © akg-images, S. 51 © picture alliance/abaca, S. 52 © picture alliance/abaca, S. 53 © akg-images, S. 54 © akg-images, S. 55 © fotofrank | Fotolia.com, S. 56 © akg-images | Paul Almasy, S. 57 © akg-images | Paul Almasy, S. 58 beide © akg-images | Archiv Peter Rühe, S. 59 l. © akg-images | Rabatti-Domingie, r. © akg-images, S. 60 © akg-images | Erich Lessing, S. 61 © akg-images | Erich Lessing, S. 62 © akg-images | Album | Oronoz, S. 63 © akg-images | Album | Oronoz, S. 64 o. © akg-images, u. © Barbara Phelby | Fotolia.com, S. 65 © akg-images, S. 67 © akg-images | Rabatti-Domingie, S. 68 © akg-images, S. 69 © akg-images, S. 70 © akg-images, S. 71 © akg-images, S. 72 © akg-images, S. 73 © akg-images, S. 74 © akg-images, S. 75 © akg-images, S. 77 © akg-images, S. 79 © akg-images | Erich Lessing, S. 81 © akg-images, S. 82 © akg-images | Rabatti-Domingie, S. 83 © akg-images, S. 84 © akg-images, S. 85 © akg-images, S. 87 l. © akg-images, r. © Wolfgang Zwanzger | Fotolia.com, S. 88 © akg-images | Horizons, S. 89 | © akg-images, S. 90 o. © epd-bild/Norbert Neetz, u. © demarco | Fotolia.com, S. 91 © akg-images | Horizons, S. 92 o. © b_sonders | Fotolia.com, u. © akg-images | Pietro Baguzzi, S. 93 © 77SG | Fotolia.com, S. 94 © Wolfgang Zwanzger | Fotolia.com, S. 95 © akg-images | Yvan Travert, S. 96 © Wolfgang Zwanzger | Fotolia.com, S. 97 © akg-images | Yvan Travert, S. 98 © akg-images, S. 99 © akg-images, S. 100 l. © akg-images, r. © akg-images | bilwissedition, S. 101 © akg-images, S. 103 © Inga Deventer, S. 104 © akg-images | picture alliance | dpa, S. 105 © Inga Deventer, S. 107 l. © akg-images, r. © Spectral-Design | Fotolia.com, S. 110 © akg-images, S. 111 © akg-images, S. 115 l. © lagom | Fotolia.com, r. © MAK | Fotolia.com, S. 116 © lagom | Fotolia.com, S. 117 © lagom | Fotolia.com, S. 118 © MAK | Fotolia.com, S. 119 © Kirche^2